REFLEXÕES DE UM CATÓLICO

Edson Luiz Sampel

Bacharel em direito pela Pontifícia Universidade Católica de São Paulo, bacharel em teologia pela Pontifícia Faculdade de Teologia Nossa Senhora da Assunção, de São Paulo, mestre em direito canônico, com diploma outorgado pela Pontifícia Universidade Lateranense, de Roma, doutorando em direito canônico pela Pontifícia Universidade Lateranense, de Roma, Membro da Associação Internacional de Canonistas (Consociatio), com sede em Roma, Membro da Sociedade Brasileira de Canonistas (SBC), Juiz do Tribunal Eclesiástico de São Paulo por 17 anos. Articulista do jornal "O São Paulo", da Arquidiocese de São Paulo. Palestrante e autor de livros e artigos sobre direito canônico.

REFLEXÕES DE UM CATÓLICO

Editora LTr
SÃO PAULO

Dados Internacionais de Catalogação na Publicação (CIP)
(Câmara Brasileira do Livro, SP, Brasil)

Sampel, Edson Luiz
   Reflexões de um católico / Edson Luiz Sampel. --
São Paulo : LTr, 2009.

   Bibliografia.
   ISBN 978-85-361-1278-7

   1. Católicos 2. Igreja - História 3. Igreja Católica - Doutrinas
4. Jesus Cristo - Ensinamentos 5. Missão da igreja 6. Reflexões
I. Título

08-10793   CDU -280

Índices para catálogo sistemático:

1. Católicos : Reflexões : Cristianismo   280

© Todos os direitos reservados

EDITORA LTDA.

*Rua Apa, 165 — CEP 01201-904 — Fone (11) 3826-2788 — Fax (11) 3826-9180
São Paulo, SP — Brasil — www.ltr.com.br*

ÍNDICE

Apresentação	9
Prefácio	11
Os dias da semana em português	13
Uma folhinha	14
Quem não reza vira bicho	15
O fundamentalismo	16
Morte e vida	17
Finado	18
A visão do maltrapilho	19
Estereótipos	20
O dia-a-dia	21
Sob o viaduto	22
Violência e amor	23
O que é o amor?	24
Colocando em prática	25
Deus de dia e de noite	27
A fé privatizada	29
Ser profeta	31
Ser missionário	32

Santo	33
Rodolfo Bultmann	34
O crente sincero	36
O descompasso	37
O Espírito Santo e o novo sucessor de são Pedro	38
Direito e moral	39
Videotia	41
Por que se interessar pelo feio?	43
Quando estudar teologia é pecado	44
Relações trinitárias	45
Masturbação: pecado ou fraqueza?	46
Fides et Ratio	48
Feriado de 12 de outubro: justifica-se mais um feriado religioso em nosso país?	49
O peixe atropelado	51
Amizade	52
Limites ao amor	54
Limites	55
Quando o ânimo está quebrantado	56
A festa para o cristão	57
A importância de um retiro espiritual	59
A Trindade na Igreja	60
Amor verdadeiro	62

Religião	63
A experiência da fé	64
O cristão e o ódio	65
O trote cristão	66
A tibieza	67
Solicitações	69
Um novo dia	70
A cidade dos paradoxos	71
A imprensa	72
A televisão	73
Coroas ou coroinhas?	74
Espírito resoluto	75
Flagelados	76
O brasileiro e o português	77
O Espírito Santo e a paz, segundo Jo 14:15 e 16	79
O papa e o anticristo	81
O sacramento da penitência	82
Os crimes culposos	84
Os leigos	86
Raciocinar com rigor	88
Ser santo	90
Trabalho aos domingos	92
25 anos do código canônico	94

A Páscoa e o ovo 96

A teologia do direito 98

Consciência negra 100

Crimes culposos II 101

Deus, um delírio? 102

Faltou o amor na bandeira 103

O ministro do STF e a interferência da fé 105

O que caracteriza uma universidade católica 106

Os dez mandamentos do motorista cristão brasileiro 107

Católico à Lula 109

Dom Estêvão Bettencourt 110

Apresentação

As *reflexões* que seguem foram publicadas em diversos periódicos e em *sites* da *Internet*. Elas afloraram em vários momentos da minha vida. Algumas delas, poucas, possuem um quê poético; outras são puro desabafo.

Muitas delas, no entanto, são tentativas de interpretar determinadas circunstâncias ou acontecimentos à luz da doutrina católica. Quero, desde já, consignar que não tenho a pretensão de catequizar ninguém, embora, dentro de minhas limitações, haja tentado ater-me sempre ao magistério da Igreja.

Se *reflexões* cooperarem de alguma forma para com o recrudescimento do espírito crítico do leitor, estarei muito satisfeito. Não quero convencer ninguém dos meus argumentos. Só desejo mesmo polemizar, no bom sentido, fazendo com que o leitor reveja concepções e pontos de vista, até mesmo para discordar de mim frontalmente. Não sou dono da verdade. Sou apenas um católico que ama muito a Igreja.

A temática sobre a qual refleti é imensa. As reflexões, todavia, são curtas. Muitas vezes, um assunto tratado sob um título é novamente agitado em outra passagem. Isto, de certo modo, faz com que eu possa confirmar ou robustecer certas idéias.

Posso dizer que um princípio geral se encontra presente em todas as reflexões: a necessidade de o católico ser coerente. Vemos que a fé professada nem sempre se exterioriza em atos concretos. Somos habitantes do maior país católico do mundo. Ora, se houvesse sintonia entre fé e vida, certamente a nossa realidade social seria bem outra. Esta é minha preocupação básica. Por isso, insisto na tese de que a religião não é um mero departamento da vida; ela é tudo, ou não é nada.

Compreendo o mundo sob a ótica cristã. Mergulhei tanto nisso, que não consigo ver as coisas fora desse prisma. Um defeito? Talvez. Mas estou convicto de que o cristianismo tem as melhores respostas para a humanidade. Se quisermos realmente construir um mundo justo e fraterno, os valores cristãos serão fundamentais.

O autor

Prefácio

Com tantos livros no mercado religioso, por que deveria parar pra ler um livro chamado *Reflexões de um Católico?* Há muitos católicos refletindo todos os dias sobre sua fé e eu teria tempo, no meu corrido e superocupado dia, de investigar as idéias de mais um adepto da santa Igreja? O que fazem as reflexões do Doutor *Sampel* incomuns, distintas das dos outros escritores?

Eu, como padre experiente e escritor, há mais de 20 anos conheço o Doutor *Sampel* e fiquei muito impressionado com sua profunda inteligência e visão apaixonada e sincera da nossa Igreja Católica. Ele não escreveu um livro simplesmente para pôr mais um texto no meio de tantos que jazem nas prateleiras. A Fé que o autor transmite nestas páginas é vibrante e envolvente. Não é possível ler o que Doutor *Sampel* escreve, sem ao mesmo tempo ser movido a amar e servir Jesus Cristo e seu corpo místico.

As páginas estimulantes deste livro não conseguem deixar o leitor indiferente perante as questões inquietas do nosso mundo e comunidade religiosa. Doutor *Edson* provoca, desafia e sacode os que ficam calados e neutros perante situações que não podem ficar sem respostas. Como Jesus fez, o Doutor *Edson* também aponta a questão, dizendo que é melhor ser quente ou frio, pois um espírito morno num mundo cheio de chocantes injustiças causa um grande escândalo.

Semelhante aos profetas zelosos do passado, Doutor *Edson* não tem medo de falar as verdades que cobrem todas as áreas de nossa Fé. A defesa da dignidade humana é básica e fundamental para ele. Deste chão constrói suas idéias e reforça-as com a Fé Cristã.

Com linguagem impecável e majestosa (até hoje não encontrei nenhum brasileiro que conhecesse melhor a língua portuguesa do que ele), o Doutor e Jurista Cristão sabe, com tanta facilidade, expressar o que ferve no coração.

Eu, por exemplo, sou muito chato quando a questão é ler livros. De 50 exemplares que recebo por mês, deixo de lado 49. O livro do Doutor *Edson*, porém, captou minha atenção. Li-o com bastante prazer. Tenho certeza de que as Reflexões deste autor serão de grande valor na formação e crescimento do leitor.

Boa sorte e boa leitura!

Pe. Anthony Mellace, OMV.

Os dias da semana em português

Belíssima a forma como a língua portuguesa expressa os dias da semana. Ao contrário da totalidade dos outros idiomas neolatinos, que optaram por nomes pagãos (Lunes, Martes etc., para exemplificar com o espanhol), em português, os dias da semana não têm nomes próprios. Por isso, dizemos *segunda-feira*, *terça-feira*, *quarta-feira* etc. Também por este motivo, grafamo-los com letra minúscula. A palavra *feira* indica *dia*. A "primeira feira" é o domingo, que é o *dies Domini*, ou, *dia do Senhor*. Recebe esta designação porque é o dia em que Jesus ressuscitou dos mortos; é a Páscoa que se celebra toda semana.

No século XIII, o papa pediu que os países passassem a adotar o calendário litúrgico. Parece que só Portugal obedeceu aos rogos do vigário de Cristo. Desta feita, os falantes do português ganhamos esse presente de ouro. Com efeito, quando dizemos segunda-feira (e não "Lunes", nem sequer "Monday", que é *dia da lua*), exprimimos uma realidade teológica assaz profunda: este é o segundo dia após a ressurreição de nosso Senhor, ou seja, depois do acontecimento mais importante da humanidade. Assim, nosso dia-a-dia está completamente embevecido na religião. A língua incita-nos a ler a realidade sob a ótica pascal. Isto é deveras maravilhoso! Hoje não é simplesmente segunda-feira, ou terça; é o segundo ou o terceiro dia na seqüência da ressurreição. Isto de fato nos enche de esperança. Dá sentido à caminhada: somos constantemente lembrados de que nosso maior inimigo, a morte, já foi definitivamente vencido pelo Cristo ressurrecto.

Uma folhinha

Outro dia encontrei um calendário de parede que chamou a minha atenção. O primeiro dia da semana não era o domingo, mas a segunda-feira. À primeira vista, parece tão-somente uma nova forma de dispor os dias, dando preferência à segunda-feira, que seria o "primeiro dia útil". É isso mesmo?

Escrutando um pouco mais o assunto, percebemos que há uma ideologia laicista por trás disso tudo. O domingo, dia religioso por excelência, dia da ressurreição de Jesus Cristo, perde o lugar de destaque e passa a ocupar o derradeiro posto da folhinha. Os fautores de tal folhinha estão sob o influxo de idéias que visam a fomentar a irreligião ou o ateísmo. Mesmo que não o saibam explicitamente. O domingo vira um dia como outro qualquer, quando se condescende até mesmo com o trabalho, em detrimento dos direitos laborais.

Além do aspecto referido no parágrafo anterior – muito sério, na minha opinião –, verifica-se uma incongruência lógica: como o segundo dia da semana (**segunda-feira**) pode ser o primeiro dia da malfadada folhinha? Impossível! Qualquer escolar da quarta série concordaria comigo, não é verdade? Em português, os algozes do sagrado terão dificuldade para falsear a realidade e o tempo. Seus propósitos mendazes caem por terra... Irremediavelmente. Quiçá em espanhol e inglês ("Lunes" e "Monday", respectivamente), seja fazível tamanha aleivosia à religião cristã. Contudo, na língua de Camões e de nós outros, brasileiros, isto é impossível, pois, como escrevi algures, os dias da semana em nosso idioma não têm nomes: todos se reportam à ressurreição de Jesus (domingo= *dies domini*, dia do Senhor); segunda-feira (feira=dia) após a ressurreição e assim por diante. A propósito, o modo completo de nos referirmos ao segundo dia da semana seria o seguinte: "segunda-feira após a ressurreição de Jesus Cristo."

Estas coisas parecem banais, todavia, é exatamente por meio desses expedientes solertes que os adversários da religião vão derribando o alicerce dos valores evangélicos, criando uma mentalidade e postura indiferentes à fé.

Quem não reza vira bicho

Quem não reza vira bicho. A frase, cunhada por dom Angélico Sândalo Bernardino, retrata o âmago da realidade. Com efeito, se não nos nutrimos quotidianamente na oração, como admoesta o salmista (Salmo 1), nossa alma enlanguesce. A alma débil é porta de entrada de males e perversões.

Conheço certa pessoa que era dada à oração diária. O terço também fazia parte da rotina dela. Além disso, a oração das orações, a missa, jamais era perdida. Essa pessoa participava da missa todo domingo. De repente, por um motivo que desconheço, ela abandonou a oração. Virou mesmo um verdadeiro bicho, um monstro; parecia que incorporava uma outra personalidade. Entregou-se ao sexo sem responsabilidade e este foi o ponto de partida para a perpetração de outras devassidões, até a indiferença completa. Perdi o contato com o indigitado amigo. Rezo por ele toda noite.

Quando falo em oração, é claro que aludo à oração como elevação da mente a Deus (santo Tomás de Aquino). Mas penso, ainda, na freqüência aos sacramentos, sobretudo a eucaristia e a penitência, que são igualmente formas de oração, em sentido amplo. Para o cristão, abandonar a prática da oração é a pior adversidade que pode sobrevir. É a morte. Já *Dostoievisky*, na famosa obra "Irmãos Karamasov", colocou as seguintes palavras na boca de uma das personagens: "Se Deus não existe, tudo é permitido." Deveras, não há barreiras para o egoísmo, para usar as pessoas, porque se deixa de enxergar no próximo a imagem de Jesus Cristo.

Rezar implica sintonia com Deus. Estar com Deus é viver no amor, porque *Deus caritas est*, Deus é amor, como no-lo afirma são João, roborado pelo papa Bento XVI. O amante não é egoísta; pelo contrário, preocupa-se com os outros, máxime com os mais pobres. Parar de rezar é penetrar nas vascas do óbito do espírito. E como não subsiste dicotomia entre corpo e alma, quem não reza põe tudo a perder: sua alma, sua estrutura psicossomática.

Peçamos que santa Maria, modelo de oração, nos ajude constantemente. Que ela afaste de nós o perigo de largarmos a oração. Pois, vira-se bicho, como prega amiúde o pastor acima citado. Até mesmo a mente resta turvada, vez que a inteligência só é límpida quando nos abeberamos na suma inteligência: Deus.

O fundamentalismo

O fundamentalismo é um cancro que permeia a política e a religião. Os petistas que esbravejam liberdade e democracia muita vez se encontram sob os grilhões do fanatismo. No que tange à religião, há fundamentalistas de variegado viés. Enganam-se os que crêem que fundamentalistas são somente alguns xiitas muçulmanos ou certos adeptos de seitas pentecostais. Infelizmente, no próprio grêmio da Igreja católica, surdem aqui e ali focos de extremismo.

O fundamentalismo é deletério, porque suga as energias dos sectários. Torna-nos pessoas infantilizadas e completamente alienadas. Na Igreja, pululam fundamentalistas de direita e de esquerda. Estes, via de regra, arrostam a teologia da libertação como único caminho razoável do cristão na América Latina. Aqueles anatematizam a aludida corrente teológica e pugnam por uma nostalgia tacanha, querendo que a Igreja volva aos tempos medievos. Uns e outros não podem ser tomados como exemplos saudáveis de crentes.

O único remédio contra o fundamentalismo consiste no esforço para ouvir o outro lado. Se simpatizo com a RCC, nem por isso farei ouvidos moucos aos clamores legítimos da teologia da libertação, e vice-versa. No fundo, a gênese do fundamentalismo repousa na ignorância ou no conhecimento apequenado da realidade. O fundamentalista de direita ou de esquerda absolutiza seu modo de ver o mundo. Como afirma *Leonardo Boff*, todo ponto de vista é a vista de um ponto. Neste sentido, arvorar-se dono da verdade é um comportamento pueril e revelador de exacerbada insegurança.

O fundamentalismo nos espreita diuturnamente. Somos tentados a agir como fundamentalistas. A oração contrita e humilde mostra-se outro antídoto eficaz contra essa patologia da alma. Além disso, espelhemo-nos no exemplo de Jesus; imitemos sua longanimidade, munificência e incrível capacidade de compreender o próximo.

Morte e vida

O que há depois da morte? Só sabe quem já passou desta para a melhor, como diz o adágio popular. Ou não sabe, se o decesso confluir para um eterno nada. De qualquer maneira, parece-me que as possibilidades da vida são taxativas: nascer, crescer, finar-se; enquanto isso: comer, dormir, defecar; comer, dormir, defecar.

Santo Agostinho lança luz sobre esta realidade aparentemente sem sentido, no-lo industriando que o homem foi criado para Deus, e o coração humano permanecerá inquieto, até repousar na divindade. Neste diapasão, cada ato precisa ser praticado com vistas no sumo bem, isto é, Deus. A piedade, e não a religião, há de permear o cotidiano de quem não deseja viver perfunctoriamente, como um reles animal. João Paulo II, nos EE.UU., exortava a juventude daquele país a não se satisfazer com a mediocridade: *duc in altum*; joguem as redes para águas mais profundas!

Voltando à morte. Já que as alternativas da vida que conhecemos e experimentamos são escassas, e mais raras ainda se não lhes emprestarmos um quê de espiritualidade, resta-nos apostar na morte, ou melhor, nos chamados novíssimos ou acontecimentos póstumos. Consoante a doutrina cristã, a imensa alegria que se nos deparará será a *visão beatífica de Deus*. Desta feita, com a morte, exaure-se a história, extingue-se o tempo. No céu, não há relógio; existe só a eternidade: *um momento de felicidade perene*. Desafortunadamente, um dos empeços a este jaez de reflexão diz respeito às limitações da palavra. O discurso lingüístico jamais logrará expressar cabalmente as coisas que se referem a Deus, porque o ser humano é finito, ao passo que Deus é infinito.

O homem, ser imbele por natureza, extenua-se com a busca de sentido, posto que nem sequer bispa um sentido lídimo. Engana a si mesmo com mesquinharias: carros novos, homens e mulheres bonitas, sexo, viagens, consumismo, hedonismo. Com o livro do Eclesiastes, poderíamos afirmar: vaidade de vaidade, e tudo é vaidade!

Na morte decerto haverá um sem-número de surpresas. Bons e maus alcançarão a vida eterna, porque a alma, segundo a religião cristã, é imortal. Cada um, contudo, receberá a paga pela sua conduta neste vale de lágrimas. A uns o céu, a outros o purgatório; estes e aqueles gozarão de incomensurável gáudio. Aos réprobos a desdita do inferno, onde haverá choro e ranger de dentes.

Finado

Morri. Puxa, tinha um medo enorme de morrer! Não sabia o que iria encontrar deste lado. Estou no além, ou melhor, *sou* no além, pois a condição fúnebre é permanente. Agora é tarde, Edson é morto. Era tão apegado à vida, em que pesem às desilusões e à rotina. Ah! A rotina! Como a rotina me dilacerava! Aqui, no além – se é que posso me expressar assim –, não há tempo. Tudo é um instante!

E os livros? Onde estão os livros que eu gostava tanto de ler? Uma das poucas coisas que me davam prazer em vida... No além, não há leitura, apenas uma eterna e momentânea contemplação. Não adianta tentar descrever o que sinto e vejo "agora", com os olhos da alma (o advérbio "agora" é tempo; paradigma de quem vive). É impossível descrever. Aliás, está escrito na bíblia que, entre os que *somos* aqui e os que estão aí na existência, surge uma distância intransponível.

Não sinto saudades de nada. A propósito, não sinto nada. Quando vivo, não degustava absolutamente nada também. Os dias já não faziam sentido; eram uma seqüência interminável: acordar, estudar, trabalhar, dormir, acordar...

A única coisa que percebo de maneira clarividente, alumiado por um enorme archote, que dista tanto de mim, é que em vida poderia ter amado mais as pessoas. O desamor, ou melhor, a falta da prática do amor, causou em mim um vazio sem fim. Este vazio me acrisola na situação mortal em que me encontro. Meu Deus, o amor!

A visão do maltrapilho

Nós outros, os remediados da sociedade, temos um modo peculiar de enxergar as pessoas que jazem nas calçadas. De um certo modo, a leitura não difere de abastado para abastado. Os maltrapilhos ou sofredores de rua constituem uma subclasse. São seres humanos desprovidos de tudo, máxime da dignidade. A sorte não lhes foi benfazeja. Este é o juízo de valor que os membros da classe média costumamos emitir.

Os maltrapilhos, por seu turno, vêem-nos quais atores de um teatro inútil. Na verdade, qualificam-nos como canastrões, porque o papel que desempenhamos não nos realiza como homens, mas nos causa dor e tristeza. Estamos a correr de um canto para o outro; alguns de nós conduzem automóveis caros, outros freqüentam casas de pasto requintadas. As roupas nossas são de grife. Certos integrantes da classe média caminham graves. A sisudez deles revela atividades importantes, indispensáveis para o bem-estar do povo.

Morre um maltrapilho. Falece outrossim um abastado jovem e de compleição adiposa. Este, em virtude da uberdade da mesa; aquele, em razão do alcoolismo ou de um atropelamento. Ambos viram pó. Ambos são olvidados por parentes, conhecidos e amigos. Felizmente, os dois não são deslembrados na *memória divina*. Mas esta é outra história...

Precisamos sentar no passeio público e bater um papo com um maltrapilho. Quem sabe nossos olhos se abrirão para o *nonsense* do estilo burguês. Para os que professam sinceramente o cristianismo, o maltrapilho é Jesus Cristo (cf. Mt 25,31-46). Quanta coisa não aprenderemos com um sujeito lascado, adulterado, alijado dos bens! A cruz dele é também a nossa cruz, que, desgraçadamente, não queremos carregar.

Estereótipos

Quem não toma cuidado vive sob a injunção de poderosos estereótipos. Trata-se de pseudoconceitos, de moral fundamentalista, de ideologia incrustada e, muita vez, de filosofia de botequim. Não se tem opinião própria, perpassada pelo crivo da reflexão. Antes, verberam-se lugares-comuns e reproduzem-se conceitos desgastados.

A mídia é parcialmente responsável por esse cenário mefistofélico. Com efeito, os meios de comunicação vomitam determinadas mundividências, que são amiúde aceitas como dogma. Contudo, há outros fatores que outrossim contribuem para a gestação de estereótipos. Por exemplo, a incapacidade congênita de se solidarizar com o próximo. Neste ponto, depara-se-nos uma vicissitude atroz e de difícil erradicação. A pessoa que vive egoística e egocentricamente é uma presa fácil dos estereótipos. Só rompe os estereótipos quem consegue estender a mão a uma pessoa caída na rua. Este é um começo. Na verdade, o processo de libertação dos estereótipos implica conscientização e conversão.

O cristão coerente denuncia os estereótipos. Anuncia do alto dos telhados que cada ser humano é único e irrepetível. O mundo dos estereótipos é vil e serve apenas para confirmar as ideologias capitalistas: você precisa de um MP3, de uma tela plana, de um Ipod; tem de galgar sucesso na vida, com alta remuneração e um carro zero e lindo. As frases ora citadas constituem tão-somente exemplos de chavões que exprimem estereótipos. Em cada um desses chavões, há um mundo de ilusão e de ideologia adrede inoculada no tecido social. Desafortunadamente, nem nos damos conta de que somos compelidos pelos estereótipos. Apenas a mística e uma vida interior profunda terão o condão de nos resgatar dessa mediocridade e da alienação total.

De certa forma, a crucifixão de Jesus lanceta um estereótipo da cultura judaica: a ocisão no madeiro é o mais sórdido fim de um ser humano. Para os gregos, a insanidade cabal. Pois bem. Jesus deita por terra os estereótipos vigentes e propõe uma nova sociedade, em que haja abundância vital para todos, indistintamente. Tenhamos, pois, coragem para derribar os estereótipos e pôr valores cristãos no lugar deles.

O dia-a-dia

Parece incrível como as coisas se repetem. Todo dia a gente tem de trabalhar, ir à escola, enfim, executar as mesmíssimas tarefas. Daí, então, fica-se a pensar: será que o sentido da vida está neste automatismo? Sou otimista com relação ao ser humano. Assim, sou proclive a responder negativamente.

O problema crucial da humanidade é lidar com o tempo. A propósito, creio que sempre foi assim. Contudo, antes de inventos como a televisão, as pessoas reuniam-se mais vezes e paravam um pouco para degustar a leitura de livros. Hodiernamente, o que é bastante comum é a pessoa se postar em frente do televisor e lá ficar por horas, contemplando a fantasia, sonhando acordada. Enquanto isso, a vida passa. Nós, porém, vítimas da tecnologia, e – pior – da ideologia neoliberal, nem sequer percebemos que as horas, os dias e os anos estão a voar... Para empregar um termo da filosofia marxista, estamos assaz *alienados*. Estar alienado é encontrar-se fora de si mesmo. É o que sucede com o homem coevo: ele não sabe quem é, tampouco está consciente dos seus objetivos; apenas põe-se a comer, trabalhar, dormir etc. Aliás, o capitalismo dominante inculcou-lhe a idéia de que o trabalho é extremamente necessário e de que é a razão da existência de qualquer ser pensante.

Se quisermos ter uma medida desse dia-a-dia, socorre-nos o psiquiatra espanhol *Henrique Rojas*: o homem atual é o *homem light*. Tal como esses alimentos insípidos, o *homem light* não tem sustância; é um caniço agitado, que muda de opinião a cada instante, ou melhor, não possui opinião formada acerca de nenhum assunto. Apenas segue a maioria (*vox populi vox demoni*).

Quando tomamos consciência desse dia-a-dia, temos a impressão de deparar com uma cena do inferno de Dante. Sem dúvida, o inferno é a monotonia, o tempo que gostaríamos de ver aniquilado, mas que eternamente nos atormentará. Será que nosso dia-a-dia é um inferno? Ou será que é um purgatório? Sim, porque, se o purgatório tem o condão de acrisolar, isto é, de purificar, de fazer amadurecer, o inferno, por seu turno, simplesmente nos consome, nos extermina pouco a pouco. Se nosso quotidiano for avassaladoramente maçador, que o arrostemos como um purgatório!

A solução é a criatividade. A solução é o amor. Estes são os dois ingredientes para transformar o nosso dia-a-dia. Até mesmo as atividades comezinhas ganharão outro significado. O exercício do amor redundará numa outra visão de nós mesmos. Todo dia, sentir-nos-emos responsáveis pelos pobres, pelos inermes. Este é o caminho, esta é a saída. O resto é loucura que não paga a pena viver.

Sob o viaduto

A mentalidade de quem assiste debaixo do viaduto é extremamente vera. Nós outros, os que habitamos casas de alvenaria, temos as vistas turvas. Não somos capazes de enxergar a verdade, nem de dizer a verdade. Os sofredores de rua, ou as pessoas que vivem em situação de rua, compreendem que o porvir do ser humano é a miséria completa. Éramos pó e tornaremos a sê-lo dentro em breve. Que pena deslembrarmos desta admoestação bíblica!

Por estarem em íntimo contato com a verdade, muitas dessas pessoas em situação de rua não desejam volver às casas e aos empregos, que grande número já teve um dia. Antes, preferem contemplar os bem-dotados da sociedade, que desfilam em carrões, com roupas bonitas. Vêem quão ilusório é tudo isso e percebem que a existência desses bem-sucedidos é uma miragem... Eles, os sofredores de rua, tidos por malsorteados, riem de nossa pseudo-segurança, bem como da opulência que folgamos em ostentar. Chegam à conclusão de que somos nós, os "incluídos", os cidadãos dignos de pena, porque nem sequer tangemos a verdade. Os sofredores de rua estão insertos na verdade; vivem-na concretamente.

Penso que há muito a aprender com as pessoas que vivem em situação de rua. Quiçá a primeira lição seja não nos levarmos tanto a sério. A segunda, bem importante, o valor da solidariedade. A terceira, viver em oração. Desafortunadamente, os homens, máxime os fanáticos religiosos, encontram prazer em louvores etc. Olvidam a diatribe do profeta Amós: "Estou farto de sua música e de seu incenso!" Estou convicto de que os homens e as mulheres que assistem nas ruas são verdadeiramente humanos, porquanto estão despojados de toda canga que anuvia o dia-a-dia dos remediados e ricos.

Violência e amor

A violência sai do coração do homem. Infelizmente, alquebrado pelo pecado, o ser humano tende à violência. É verdade que o antídoto contra a violência é o amor. Contudo, muita vez, a palavra amor soa um tanto quanto desgastada. Pensa-se que só se pode amar o amigo. Não. Talvez seja mais fácil *gostar* do amigo. Há uma diferença semântica entre os verbos *amar* e *gostar*. Quem conjuga o verbo gostar decerto imprime sentimento à ação. Neste sentido, digo que *gosto* muito de uma casa, porque ela me agrada, me dá prazer. Diferentemente, o agente que pratica a ação de *amar* não está necessariamente inoculando sentimento ou emoção ao comportamento. Antes, sob o influxo da justiça e da caridade, como Deus, que faz o sol nascer sobre bons e ruins. Esta é a lídima acepção do amor.

Viver o amor implica o serviço ao próximo, sobretudo ao mais necessitado. Assim, o amor se forja num cabedal de *atitudes amorosas*, tais como: perdoar uma ofensa, socorrer alguém caído na rua, ajudar o desesperado, aceitar as pessoas como elas são, defender o oprimido, manter sobriedade no que tange aos bens etc. As referidas ações, apenas exemplos, são corolário de oração intensa e de uma ascese profunda. Quem caminha permanentemente na superficialidade das relações só *gosta* de algo; não *ama* ninguém. É claro que amiúde confundem os vocábulos, cambiando *amar* por *gostar*, porém o reles vociferar *eu amo você* está muito longe da realidade do amor cristão. Ensinavam os latinos que *verba volent*, isto é, as palavras orais não têm consistência; são pronunciadas a esmo, nem sempre se arrimam em alicerce inconcusso.

As cenas dantescas às quais assistimos em São Paulo, no dia 15 de maio de 2006 (ataque dos bandidos à polícia), descortinaram um terrível ódio jacente. De fato, uma sociedade que diuturnamente enfatizou o *gostar* em detrimento do *amar* vê-se agora obnubilada pelo ódio. O governador de São Paulo (à época, Cláudio Lembo) lançou grave admoestação: as elites têm de se questionar a respeito da postura delas frente aos necessitados. Sem sombra de dúvida, em não havendo um substrato de amor, ocorre a terrível deliqüescência das relações.

Recuperar o ditame do *amor cristão* é tarefa urgentíssima. Um país que se autodenomina católico não deve conviver com estruturas tão espúrias e injustas. Lancetar o mal depende de nós. *Amar* de verdade não é fácil. Como frisamos acima, os gestos de amor encontram-se visceralmente ligados à espiritualidade. Um ser medíocre, que apenas pensa no trivial do dia-a-dia, dificilmente *amará* quem quer que seja, nem a si próprio.

O que é o amor?

O amor só pode ser uma *construção*; uma realidade forjada dia a dia. Do contrário, não há amor verdadeiro. Se o amor implicar um sentimento, estará sujeito às mudanças de humor do amante. Quando se está bem, ama-se bastante. No momento em que a pessoa se sente amargurada ou angustiada, ama pouco ou até odeia.

São Paulo entendeu muito bem a estrutura do amor. Diz o apóstolo dos gentios que o amor é paciente. Assim, este característico supõe desavenças entre os que se amam. Significa, também, que o amor nem sempre é correspondido. Além disso, percebemos que o amor leva tempo para madurar, para livrar-se de suas ambigüidades, para burilar-se e comunicar a decisão de querer bem ao outro. Não existe amor que não seja estreme de ódio. Com efeito, ama-se e odeia-se concomitantemente. O ser humano é incapaz de um posicionamento absolutamente límpido. Isto só os anjos estão aptos a realizar. Se, por exemplo, um anjo decide negar a Deus, como procedeu Lúcifer, fá-lo irreversivelmente. Não é possível a conversão dessa criatura, vale dizer, o retorno dela ao redil dos bem-aventurados.

Outra pessoa que compreendeu magnificamente a essência do amor, porque o praticou diuturnamente, foi dom Helder Câmara. Deveras, o pranteado antístite certa vez afirmou: santo é quem cai e se levanta mil vezes. Na queda prevalece a descaridade, no soerguimento surge a *caritas*, o *ágape*, ou o amor. Todavia, não ocorrem divisões estanques entre esses dois *fenômenos*; eles estão visceralmente imbricados, enquanto estivermos sob o pálio do lusco-fusco da história e do tempo. De qualquer modo, o amante é alguém que possui uma tarefa ingente para executar. Precisa fazer o sol nascer sobre justos e injustos. Tem de amar até mesmo aquele que é seu inimigo.

Colocando em prática

Pergunto-me amiudadamente – e creio que o paciente leitor também se questione a respeito deste tema – : por que há tamanha incoerência entre a religião professada e a prática quotidiana das pessoas? Na verdade, se repararmos bem, quase todo mundo, em determinado momento da vida, adere a um tipo de religião, mesmo que seja a religião *prêt-à-porter*, desvinculada de qualquer instituição.

Um primeiro ponto que deve ser frisado embasa-se numa explicação fornecida pelo eminente teólogo Ratzinger, o papa Bento XVI. Ouçamo-lo: "Há graus diferentes [de religiões], e há religiões manifestamente doentes, que também podem ser destrutivas para o homem." O então prefeito da Congregação para a Doutrina da Fé dava um exemplo: "(...) na África, a crença nos espíritos ainda continua a ser um grande obstáculo para o desenvolvimento da terra e para a construção de uma estrutura econômica moderna." (*Sal da Terra*, p. 20). Cuido que na atualidade existem muitas pseudo-religiões. Refiro-me sobremaneira aos esoterismos de variegados vieses. Não contribuem para a edificação de uma personalidade sadia e centrada. Pelo contrário, diluem a psique; transformam a pessoa num feixe de *achismos*. Ao lado do nefasto esoterismo, pululam as seitas. Estes grupos fanáticos correm tanto os princípios católicos quanto os valores cristãos albergados pelos protestantes sérios.

A resposta ao dilema ora tratado reside no fato de que a santidade é um bem em extinção. Infelizmente. Diz-se que a sociedade atual sofre pela escassez de santos. Creio que este axioma seja absolutamente verídico. Não é à toa que anos atrás ninguém menos que são Francisco de Assis foi eleito o "homem do ano" pela revista norte-americana *Time*. Ora, um indivíduo medieval, do século XIV, ser escolhido como padrão de comportamento para a era da tecnologia digital, da robótica, da cibernética? Isto parece um passa-moleque, mas, no fundo, exprime o anseio do ser humano pela essência perdida, um certo saudosismo de si mesmo: o homem atual está à cata dele próprio, em suma, persegue de modo indefeso o sentido da vida.

Colocar em prática o evangelho faz-nos todos santos. Com efeito, a religião não se constitui num *departamento* da existência, isolado. Deveras, o *homo religoosous* enxerga tudo sob a ótica de Deus. A pessoa que estiver decerto imbuída deste propósito logrará transformar seu derredor. Para adimplir a sua autêntica vocação, o homem não pode abrir mão nem dos sacramentos nem da oração. É mister cuidar de tudo *religiosamente*: trabalhar religiosamente, andar de carro religiosamente, comer religiosamente, namorar religiosamente, comprar religiosamente etc. Enfim, os verbos que expressam a assertividade do homem têm de ser conjugados com o advérbio *religiosamente*. Sem dúvida, somente a religião coerente e responsável, que vê no próximo o próprio Deus, conseguirá desviar-nos do descaminho da catástrofe.

Deus de dia e de noite

Acabrunhado pela rotina, o homem caminha, procurando, aqui e ali, neste e naquele prazer, preencher a vida, ou melhor, satisfazê-la. Quando me levanto, faço orações. Este contato com Deus é sumamente importante, essencial, eu diria. A propósito, toda a vitalidade do cristão depende da oração e dos sacramentos. Quem não reza se transforma num desses fantoches ambulantes, às vezes com aparência de gozar felicidade.

Sinto falta, contudo, da oração nas diversas fases do dia, principalmente no ambiente de trabalho. Talvez a concentração intensa no labor seja um antídoto contra essa *anemia de Deus*. De qualquer modo, cuido que seja convinhável a prática de umas jaculatórias ao longo do dia, bem como certas orações que não tomarão muito tempo.

É difícil continuar a ser cristão sem a oração, ou privado deste "sentimento" de que Deus está diuturnamente conosco. A aridez do dia suscita a sensação de que Deus não conta para nada. Ele não existe de fato. Encontramo-lo na oração matinal, mas, depois, ele nos abandona ao nosso próprio azar. Ninguém mais fala de Deus. Ora, isto ocorre comigo, sendo católico praticante. Como será a vida das demais pessoas?

Qual é o sentido da vida para quem não crê em Deus, ou, em outras palavras, para aquele que diz crer em Deus, porém, na prática, não aplica a fé à vida? Não posso entender como há homens destituídos do sentido divinal. Qual será a base ou o fundamento da ética deles? Sim, porque não acredito numa ética puramente civil. Isto é impossível. Com efeito, a ética tem sua gênese na religião, principalmente no Cristo que revela o homem ao próprio homem, como no-lo ensina a constituição apostólica *Gaudium et Spes*, do Concílio Vaticano II. É óbvio que os homens temos um auto-senso de conservação. Deus o inoculou em nós, a fim de que adimplíssemos nossa missão. Sem embargo, este instituto não basta a pessoas que se questionam acerca do sentido da vida, que se indagam sobre o porquê da doença, da violência, em suma, da morte no mundo.

Sou da opinião de que Deus está presente onde se socorre o pobre (cf. Mt 25,31-46). Nada obstante, determinados comportamentos, se faltos de oração e dos sacramentos, fatalmente, conduzir-nos-ão a um ativismo insalubre. Sim, é um ativismo insano, pois, com o tempo, arrefecem-se os ânimos e deita-se por terra um projeto que se mostrava maravilhoso.

Rezar sempre. Jamais arrepiar caminho do intento de entabular um colóquio direto com Deus. O Salmo I retrata bem esta realidade, ao fustigar o homem que não medita a palavra de Deus dia e noite.

A fé privatizada

Costuma-se empregar o termo *privatização da fé* para se referir à atitude do crente que não quer compromisso com comunidade alguma. Com efeito, a fé privatizada é uma *religião fabricada*. Recorre-se ao chamado *supermercado da fé*, retirando uma doutrina daqui, outra de acolá, até que se forme a religião a gosto. Em outras palavras: criamos deus (com dê minúsculo, é claro) à nossa imagem e semelhança. Neste sentido, se um determinado credo interdisser o sexo fora do casamento, lanceto esse preceito e coloco outro mais brando no lugar, ou, então, nem toco na questão do sexo. Afinal de contas, sexo e religião não têm nada a ver.

O cúmulo dessa privatização ocorreu na *Internet*. Lendo um jornal, achei a notícia de que a *Internet* está a socorrer os crentes, fazendo com que a religião se resuma a navegar nos sítios cibernéticos. Não preciso mais freqüentar o culto. Faço-o em casa, ou até em um *lan house*, e me satisfaço, acreditando também prestar honras a Deus. Será?

A *Internet* com certeza possui alguns poucos méritos. Talvez o melhor deles seja facilitar consulta a bancos e propiciar telecompras. Mas pára por aqui. O resto, infelizmente, são baboseiras. Quem redargüir, dizendo que livros podem ser lidos pela *Internet*, ripostarei pela negativa, pois só obtemos acesso a sinopses de informações bibliográficas.

A fé pela *Internet* é o supra-sumo do aburguesamento, do comodismo e do egoísmo. Iludimo-nos, é claro, quando reputamos razoável privatizar a fé. Foi Deus que nos criou, e não nós que criamos a ele. Destarte, só é lícito aderir a um credo que nos leve a uma autêntica conversão. Os credos vêm de fora, são heterônomos. Por exemplo, perdoar os inimigos é um preceito religioso. A pessoa livre e madura tem duas atitudes perante essa proposta divina: ou lhe rende o obséquio da vontade, acedendo à proposta, ou lhe recusa aquiescência. Uma dessas atitudes é com certeza compreensível e sobremodo humana. Se pensarmos no evangelho, não asseveraremos que Jesus veio *impor* uma doutrina, mas *propor* uma doutrina nova. Na fé privatizada, o sujeito simplesmente inventa a religião que lhe apraz.

A privatização da fé e a *Internet* são grandes aliadas na ereção de um ser humano oco e desprovido de amor. Com o tempo, nem mesmo a religião será necessária. Não que ela perca seu papel fundamental, vez que ela está infundida na alma do homem, mas será vivida de outros modos, mui subjetivamente, mediante instrumentos, tais como a *Internet*. No passado, em alguns rincões, a política substituiu a religião. Fê-lo com algum sucesso. Porém, não conseguiu dessedentar o homem angustiado, porque, como escreveu santo Agostinho, o coração do homem estará inquieto enquanto não repousar em Deus.

Ser profeta

Os profetas são homens e mulheres que interpretam a realidade à luz dos preceitos divinos. Não se dirigiram apenas aos seus coetâneos; conclamavam as gentes todas à conversão.

Hoje em dia, há profetas. Por exemplo, mencionemos dom Paulo Evaristo Arns, ex-arcebispo de São Paulo. Este varão intemerato enfrentou os poderes demoníacos da ditadura e ofereceu seu afável braço àqueles que o procuravam na cúria metropolitana; mães em busca de filhos desaparecidos, sindicalistas e professores querendo proteção etc. De qualquer modo, todas as pessoas eram sempre bem acolhidas. Digo que este bispo agiu verdadeiramente como profeta, porque tomou dois caminhos peculiares à profecia veterotestamentária: as denúncias da mazela do poder (diatribes proféticas) e o anúncio da esperança soteriológica. Com efeito, dom Paulo, sob a égide do evangelho de nosso Senhor Jesus Cristo, na trilha dos profetas; de um Isaías, de um Jeremias, conclamava o povo a enxergar as agruras perpetradas pela ditadura militar: assassínios de toda sorte, repressão, carência de liberdade de expressão, violência, enfim, medo. Por outro lado, ao revés, comunicava a boa notícia de Jesus Cristo, que veio para falar preferencialmente aos pobres. Os inermes daqueles decênios obtusos e horrendos viam em dom Paulo o homem da esperança. Aliás, este é o lema episcopal deste grande brasileiro e católico exemplar: "de esperança em esperança!"

Houve e haverá outros profetas em nossa história. Citemos dom Helder Câmara. Não nos esqueçamos de um Santo Dias, leigo, metalúrgico, que tombou em frente de uma fábrica, martirizado pela polícia militar.

Há pouco tempo, contamos, também, com um profeta ímpar na história. Aludo ao sucessor de são Pedro, João Paulo II. Este homem foi um profeta de escol. Lançou críticas pesadas contra o neoliberalismo. Foi conservador na doutrina moral, como convinha. No entanto, foi progressista no campo social, como um profeta lídimo, que vê além de tacanhos horizontes.

Cada um de nós também é invitado a ser profeta. Apliquemos no nosso quotidiano os valores evangélicos, propiciando a transformação da realidade, e seremos profetas do nosso tempo. Antes: dediquemo-nos aos pobres, sentemos com eles, ouçamos suas lamúrias, não ocultemos deles nossas faces rubras... Para o católico ou cristão que não é profeta, cai bem a admoestação daquele dito popular: quem não vive para servir não serve para viver.

Ser missionário

A missão é um apanágio de todo batizado. Quem recebeu o sacramento do batismo está desde logo imbuído da vocação missionária. Mas em que consiste o mister de missionário? Ao contrário do que se pode pensar à primeira vista, o missionário não é apenas aquela pessoa que se desloca de seu torrão natal, indo ao encontro de outras plagas distantes. Com as luzes projetadas pelo Concílio Vaticano II, constatamos que o missionário atua até mesmo dentro de sua própria casa. Age compelido pelo amor a Cristo e em virtude do compromisso de anunciar o evangelho e denunciar as injustiças.

O mundo necessita de autênticos missionários. Gente que seja capaz de abandonar seu lugar social privilegiado e aproximar-se do irmão, sobretudo do pobre, preferido de Jesus. A qualidade imprescindível para o missionário é a coerência e testemunho de vida. Vêem-se, com freqüência, pessoas pregando o evangelho. Nada obstante, trata-se de homens e mulheres que não encarnaram na vida os valores do reino. Este comportamento é contraproducente. O povo sente a dicotomia entre discurso e prática.

É verdade que estamos todos sujeitos ao pecado. A ambivalência é uma patologia que nos acompanhará até a morte. Jamais seremos perfeitos, antes da visão beatífica de Deus. A jornada terrena deve servir à nossa purificação. Sem embargo, urge envidarmos esforços em prol da autenticidade do nosso exemplo de bons cristãos. Se estivermos ao lado dos pobres, lutando pelo direito dos indefesos, decerto seremos benquistos e o povo saberá compreender e desculpar as nossas faltas.

Atuemos como missionários onde quer que estejamos. Porém, não nos apeguemos a uma espiritualidade subjetiva, porquanto a espiritualidade veraz é viver cristãmente. Nada mais. Se nos cerrarmos numa falsa espiritualidade hermética, prenhe de emoções, distanciar-nos-emos do Deus de Jesus Cristo, bem como da própria Igreja católica.

A realidade da América Latina nos conduz a um tipo de missão bem concreta em favor dos pobres. Qualquer outro procedimento que não combata o aburguesamento não é digno do epíteto *missionário*. A missão visa à implementação do reino de Deus. Por isso, ela não pode estar alheia às agruras do ser humano.

Santo

Dom Helder disse que santo é quem cai e se levanta mil vezes. Esta característica é muito importante para que não enxerguemos a santidade como a condição de ausência absoluta de pecado. Na verdade, o santo também peca, porém é capaz de reconhecer esta anomalia e reerguer-se imediatamente.

Um santo pode outrossim cometer um pecado mortal, malgrado não o faça com freqüência, porque, então, não seria mais santo. De qualquer modo, segundo dom Helder, o que torna alguém santo é o desejo firme de abandonar o pecado e agarrar-se à graça. O pecado mortal é acontecimento bastante sério. Este jaez de delinqüência moral e espiritual nos separa da graça santificante. Temos de evitar o pecado mortal a qualquer preço. Tudo que for contrário aos dez mandamentos é pecado mortal.

O santo de verdade não prescinde de um salutar remédio que o mantém sempre perto de Deus, qual seja, o sacramento da confissão. Desta feita, o santo freqüenta o confessionário. Vai sem pestanejar. Sim, o sacramento da reconciliação nos torna robustos, menos inclinados ao pecado mortal. Há uma cultura que não se preocupa com o pecado venial, vez que esta sorte de infração não segrega o homem de Deus. Todavia, como admoesta santo Agostinho, um grão em si não é nada, mas, se contabilizado às centenas, forma um montão. Quem consente no inebriar-se pelo pecado venial logo estará prestes a cometer um pecado grave.

O santo possui uma visão de águia. Sua vista não está embotada. Ele vê além do que as pessoas comuns ou mundanas estão aptas a ver. Surge aqui a dimensão profética da santidade. Para terminar, quero afirmar que ser santo é dever de todos os cristãos e consiste numa tarefa ininterrupta. Às vezes, sentimo-nos sem entusiasmo. Isto é passageiro. Peçamos que santa Maria, nossa mãe no céu, interceda por nós, para que nunca atentemos contra a bondade divina com um pecado mortal.

Rodolfo Bultmann

Coube a *Rodolfo Bultmann* a tarefa de apontar os mitos encontradiços nas narrativas evangélicas. Por causa dessa *descoberta*, tacham o teólogo tedesco de racionalista e ateu. Sem embargo, pelo que pude depreender pela leitura da obra bultmaniana, não se trata de destruir as bases da revelação de Jesus de Nazaré, mas, pelo contrário, a preocupação do exegeta é exatamente encontrar os fundamentos da mensagem do Jesus histórico.

Segundo o escólio de *Bultmann*, a comunidade primitiva, bem como o próprio Jesus, serviram-se de mitos para comunicar a revelação divina. Pelo que se aquilata, *Bultmann* deseja perscrutar a humanidade de Jesus ao máximo. Com razão, pois Deus se manifesta através da existência de um ser humano concreto: Jesus de Nazaré. Consoante o dogma da Igreja católica, Jesus era um homem igual a qualquer um de nós, salvo no pecado. Ora, *Bultmann* explora *ad nauseam* a assertiva magisterial de que o messias era um *homem verdadeiro*. O que é ser um homem verdadeiro? Deus se mostra pelas características e idiossincrasias desse homem de verdade. Temos de frisar que Jesus era um homem verdadeiro, também no sentido de um varão autêntico. Assim, por exemplo, o falo de Jesus com certeza ficou ereto, como sói ocorrer com um homem sadio.

Em sendo homem verdadeiro, posto que sem pecado, Jesus, ao lume da tese da "desmitologização", procura embasar-se nos mitos, a fim de expor a doutrina dele. Isso não quer significar que Jesus propositadamente faz uso dos referidos mitos, mas que o messias provavelmente tinha sobre si mesmo uma compreensão mitológica, o que é peculiar à época. Para *Rodolfo Bultmann*, "desmitologizar" é superar a visão de mundo de Jesus e de sua época. Tirando esse "pó", é possível haurir a legítima mensagem de Jesus. O homem de hoje, moderno, não necessita dos mitos. Aliás, é-lhe extremamente penoso, na sua racionalidade, entrar em contato com o mundo de Jesus. Explica *Bultmann:*

> "(...) desmitologizar não significa recusar a escritura em sua totalidade ou a mensagem cristã, senão que eliminar de uma e de outra a visão bíblica do mundo, que é a visão de uma época passada, com demasiada freqüência ainda mantida na dogmática cristã e na pregação da Igreja. Desmitologizar supõe negar que a mensagem da escritura e da Igreja estão ineludivelmente vinculadas a uma visão de mundo antiga e obsoleta." ("Jesus Cristo e Mitologia").

Sem sombra de dúvida, o mérito de *Bultmann* é provar que Deus não é um prestidigitador. Quem fizer a leitura fundamentalista e literal do evangelho certamente chegará à conclusão de que Deus é mesmo um tipo de mágico. Ocorre que a teologia, e também a revelação em si, precisam empregar a linguagem humana. Contudo, Deus infinito não cabe dentro das limitações lingüísticas. Por isso, os hagiógrafos recorreram a expedientes variegados, no afã de passar aos homens a sã doutrina.

Rodolfo Bultmann não é o dono da verdade. Entretanto, ele abriu caminho para que a exegese amadurecesse. A propósito, é recomendável que um cristão-católico adulto saiba encarar com coragem e vivacidade essas questões. É-lhe defeso manter uma postura infantil, que sustenta uma fé igualmente infantil, incapaz de produzir frutos.

O crente sincero

O crente sincero é *sem cera*. De fato, a etimologia oferta o sentido pleno das palavras. Quem tem a "cara limpa" não perpetra dissimulações nem tampouco engendra o artifício da reserva mental. Seu *sim* é sim; seu *não* é não.

A fé é um dom de Deus. Na realidade, Deus concede a fé aos que se comportam com *sinceridade*, isto é, sem "cera" ou disfarce. Infelizmente, quer aceitemos quer não, somos mendazes: desempenhamos papéis. Alguns interpretam o crente virtuoso ou piedoso. Não afirmo que inexistam cristãos autênticos. Há-os bastantes, graças a Deus. Contudo, um bom número de mortais posa de religioso. Esta gente tem ares de introspecção e *grosso modo* encontramo-la meditabunda. Mas, no exato momento em que urge o testemunho, ruem as aparências; a cera derrete. A personalidade que lobrigávamos era inverídica. Agora enxergamos um ser humano sem peias: a maldade interior surde clarividente. Meu Deus!

Temos de rezar pelo dom da sinceridade. Sejamos nós mesmos sempre. Não tenhamos medo. Só o que somos verdadeiramente vale alguma coisa, principalmente diante de Deus. Recorramos à Maria santíssima, mulher sincera, modelo de humildade e amor.

O descompasso

Há um verdadeiro descompasso entre a prática e a teoria. Para agir corretamente, é necessário pensar de maneira escorreita. Já dizia o então cardeal Ratzinger: a ortodoxia supõe a ortopraxia. Esta norma pervade todas as searas dos relacionamentos humanos. Assim, as pessoas pecam e cometem males por desconhecerem a sã teoria. Diz o adágio que, quando a cabeça não funciona, o corpo padece.

Como o ser humano é ontológica e naturalmente imediatista – a propósito, todo doente é imediatista –, então parece que a felicidade jaz na fruição instantânea dos bens, vale dizer, num pragmatismo desenfreado. Neste descompasso delirante, a pessoa crê, por exemplo, que precisa relacionar-se sexualmente com o maior número de mulheres, pois o tempo é inexorável e as oportunidades escassas. É mister acumular tanto dinheiro quanto possível. Enfim, o referido descompasso enseja comportamentos alienantes. No fundo, o homem é um constante alienado, à procura de si mesmo. O pecado original é a raiz desse absurdo descompasso.

O contrário do estado inquietante descrito nos parágrafos acima consiste na coerência entre o pensar e o fazer. Não se trata de mera racionalização. Quando uso o verbo *pensar*, tenho em mente a íntegra assunção dos valores cristãos. O crente sincero sabe que não é capaz de controlar todas as situações. Não se vê fustigado febrilmente pelo descompasso, já que se põe nas mãos de Deus. Nutre a virtude da esperança e degusta os dias harmoniosa e altruisticamente. Quem corre os dias sob a injunção do descompasso revela-se uma pessoa egoísta.

Evitar o descompasso é obrigação impostergável. Não será difícil fazê-lo, se observarmos religiosamente a recomendação do Salmo I: medite a lei de Deus dia e noite. A pedagogia bíblica é bem diferente das nossas pedagogias modernas. Segundo a concepção pedagógica moderna, é importante conhecer o mal, para não praticá-lo. Já para a visão bíblica, deve-se evitar o contato com o mal, porquanto, em conhecendo-o, somos tentados a executá-lo.

A "teoria" que nos alimentará só poderá ser a palavra de Deus, encontrável quer na bíblia sagrada quer na tradição da Igreja católica. Apegados ao "receituário" bíblico, não mais enveredaremos pelos caminhos tortuosos do descompasso.

O Espírito Santo e o novo sucessor de são Pedro

A eleição de um novo papa é ato do Espírito Santo. Da mesma maneira que acreditamos na inspiração bíblica, em que pese ao livro sagrado haver sido escrito por dezenas de pessoas, ao largo de muitas centúrias, nas diferentes vicissitudes histórico-políticas, temos de acreditar que o Espírito Santo, em última análise, é quem elege o papa. Atua em meio a todas as ambigüidades e limitações que grassam entre os membros do colégio de cardeais. Com efeito, trata-se de homens de carne e osso, pecadores como quaisquer mortais. Mas, mesmo assim, vigora entre esses graves senhores o desejo de escolher alguém digno do múnus petrino.

No tempo de tristeza, porém de igual expectativa e esperança, quando do passamento de João Paulo II, nós, católicos, rezamos bastante. Pedimos principalmente que Maria intercedesse pelo seleto grupo de eleitores do papa, a fim de que eles fossem alumiados e encontrassem um homem que pudesse desempenhar o pesado encargo de vigário de Cristo. Acreditamos piamente que o Espírito Santo vem assistindo a Igreja há dois mil anos, desde a fundação dela. Portanto, não estávamos diante de especulação.

Após um longo e ditoso período com João Paulo II, tudo se nos afigura meio anuviado. Temíamos que um projeto de Igreja e uma visão eclesiológica poderiam soçobrar de repente. Naquele momento angustiante, arrimamo-nos com firmeza nas próprias palavras que João Paulo II proferira ao tomar posse da cátedra de Pedro: não tenham medo! Confiamos na providência divina. Deus nos enviou esse grande papa, Bento XVI. Haverá alegrias e tristezas, entretanto a felicidade e o encantamento sempre superam a amargura. Não tenhamos medo de nada. Oremos, isto sim, para que o Espírito Santo conduza Bento XVI, dando-lhe coragem e serenidade para vencer os desafios constantes.

Direito e moral

Existe decerto um liame assaz robusto entre direito e moral. Esta constitui o supedâneo daquele. O truísmo pode ser constatado na própria constituição da república. Com efeito, a carta política em vigor alberga valores tipicamente morais, como o escopo de debelar a pobreza. A norma objetiva não veio do nada; não é corolário da boa vontade ou da mente de homens conspícuos e interessados no bem comum. O direito é, pois, gestado nas entranhas da moral. Quanto mais a lei se aproximar dos ditames do direito natural, mais justa ela será. É óbvio que os positivistas negam a aludida tese, porém, é curioso que até mesmo *João Kelsen* se reporte a uma *norma hipotética* que determina a obediência à constituição. Sim, porque, se não recorrermos ao direito natural, fatalmente a lei carecerá de sentido: qual é a norma positiva que manda obedecer à constituição?

Tradicionalmente, faz-se uma distinção entre o direito e a moral. Os doutrinadores asseveram que o direito corresponde ao foro externo, isto é, aos relacionamentos intersubjetivos, ao passo que à moral toca as relações de ordem interna, atinentes ao foro da intimidade. Assim como assim, tanto o direito como a moral são conjuntos de regras. Este discrímen tem de ser acolhido *cum granu salis*. Não obstante, é mister perceber que a moral é mais ampla que o direito: ela abarca as leis do estado, outorgando-lhes validade. Uma lei imoral nem deve ser cumprida. Alegue-se, se for o caso, a assim-chamada exceção de consciência.

Qual é a fonte da moral? Deus imprimiu na alma humana as injunções morais básicas. A partir daí, constrói-se um inteiro edifício de princípios que são portentoso fanal na elaboração das leis. Quanto à fonte do direito, sem sombra de dúvida, incumbe ao estado o papel principal. Entretanto, alguns tipos de sociedades, como os desportistas ou mesmo a Igreja (direito canônico), produzem leis autênticas, com todos os apanágios que caracterizam a norma jurídica. Cuida-se do denominado direito paraestatal.

Para o operador do direito, é importante a consciência da simbiose que medra entre direito e moral. Caso contrário, o profissional ou cientista do direito passa a ser um simples técnico, um legalista. Quando se interpreta a lei, torna-se fundamental verificar a *mens legislatoris*, e este processo só se consuma diante de uma análise sistemática, que não olvide os princípios morais.

Mesmo que os positivistas aferrados neguem o múnus da moral no concerto jurídico, eles não são capazes de explicar os valores (solidariedade, caridade, fraternidade etc.) encontradiços em tantas leis, mormente na constituição. De onde provieram tais bens espirituais? É claro que esses bens pertencem ao patrimônio moral católico do povo brasileiro e da sociedade ocidental como um todo.

Videotia

Videotia é o termo que ora cunho para designar a doença que aflige os viciados em televisão. De fato, assistir à televisão constantemente é a praga do nosso século. Os televidentes vão-se tornando apalermados. Em razão dessa "cultura televisiva", hoje em dia não há mais gente politizada; não há refregas ideológicas, nem tampouco entusiasmo para nada. Vige uma apatia geral.

O televisor e a televisão (aparelho e programação) constituem fatores de grande estresse mental e espiritual. Em primeiro lugar, as imagens produzem um brilho e colorido que hipnotizam. Repare, por exemplo, na infinita seqüência de movimentos de um *video-clip*. São milhares de fotografias diferentes por minuto. O cérebro humano é incapaz de decodificar esta avalanche de imagens. Por outro lado, a programação causa males neurológicos, morais e espirituais. Tomemos o caso dantesco do comercial de uma determinada rede de produtos populares. Emprega-se uma técnica nazista de lavagem cerebral. O mau gosto e a repetição desenfreada são uma verdadeira tortura contra o telespectador. Creio que as autoridades públicas deveriam estar atentas a tais abusos. Os famigerados comerciais poluem a mente e o espírito do assistente, transformando-o num quase-pateta, num sujeito de cabeça oca, sem argumentos ou idéias. Subsiste ainda outro malefício igualmente terrível: a *baixaria* da televisão, com a veiculação do sensacionalismo e a exibição de pornografias. Isto vulnera sobremaneira o caráter moral de nossa gente; gera uma raça de tíbios e de egoístas atávicos.

Não faz muito tempo, uma universidade americana avaliou os prejuízos tremendos decorrentes do hábito de consultar o *e-mail*. Consoante as conclusões do estudo da academia estadunidense, o aludido vezo é pior que o uso reiterado de maconha; acarretando a perda de até dez por cento da inteligência. Creio que o alto grau de ansiedade atrelado à referida prática enseja esse transtorno mental. Com a televisão ocorre fenômeno bastante similar. O vidente perde seu espírito crítico e até mesmo o estímulo para pensar. Faça o seguinte teste: converse com uma pessoa que se inteirou de certo assunto por um jornal impresso e com outra que do mesmo assunto está a par por ter visto um programa de televisão. Inevitavelmente, o primeiro indivíduo disporá de mais argumentos e analisará o tema com maior clareza.

Para que não nos transformemos em *videotas*, é necessário que desliguemos o televisor com muita freqüência. O melhor seria que procedêssemos como uma amiga minha, que radicalizou, doando seu único aparelho de televisão a um inimigo figadal (esta última parte é brincadeira). Sintonizemo-nos num bom livro; esta atitude é bem mais saudável. Em vez de retardados, seremos homens e mulheres de alma febril e inteligência aguda.

Por que se interessar pelo feio?

É incrível como a fealdade atrai. A sociedade machista e consumista tem um discurso diferente: a mulher (objeto) tem de ser bela e esbelta. Todavia, na prática, principalmente nos meios televisivos, o feio tomou conta da situação. Basta assistir aos programas sensacionalistas (quanto sangue!), aos *shows* bregas de certas mulheres. Os próprios artistas, quando se apresentam, fazem-no trajando roupas que chegam às raias do maltrapilho.

Hoje em dia ninguém se interessa pela leitura de um bom livro. Os poucos que lêem optam por autores ruins, sem substância, que redigem mal. Por que não recorrerem aos clássicos, tipo um *Machado de Assis*? Este escritor trouxe a lume textos límpidos, prenhes de expressões elegantes, modos de pensar que coadjuvam a engendrar uma nova visão de mundo, bem pé-no-chão. As chamadas belas artes não suscitam emoções. Contudo, todo mundo está interessado na baixaria (feiúra) do *Big Brother*. Coisas que antanho eram relegadas à intimidade são agora exibidas na televisão. No mesmo horário, um espetáculo de música clássica, veiculada pela TV Cultura, desperta a atenção de pouquíssimas pessoas.

Enganam-se os que crêem que as mulheres bonitas das propagandas de cerveja sejam autênticas representantes da beleza. Estas pessoas enaltecem a fealdade. Explico-me. Sou da opinião de que a beleza é uma característica cultural, ou seja, é mister que a burilemos, que se passe o objeto da estética pelo crivo da cultura. Assim, uma garota de "curvas perfeitas", trajando biquíni, é indubitavelmente bonita. Nada obstante, as referidas senhoras não são apreciadas em virtude de sua pretensa beleza; os homens enxergam-nas como objetos sexuais. Assim, não se trata da beleza escultura, forjada em tantas peças de arte ao largo da história. No caso em exame, constatamos a pornografia, o que é feio. Observe que não sou moralista. Apenas analiso a estética com espeque em padrões mínimos. Neste sentido, a beleza genuína traduzir-se-ia numa mulher garrida, com vestidos que fossem uma jóia, em outras palavras, uma mulher que passou pelo crisol da cultura. Se não houver a mediação da cultura, estamos diante do feio, do horripilante, do homem-animal.

Para concluir, gostaria de dizer que creio piamente que só o homem lapidado é verdadeiramente humano. Aliás, a humanidade não é um apanágio ontológico da espécie *Homo sapiens*; é uma conquista diária. Se apreciamos o feito, é porque ainda não somos suficientemente humanos. Adquirir a humanidade é algo que demanda bastante empenho. Saborear o belo pressupõe cultura, o que implica outrossim educação esmerada e outros predicativos.

Quando estudar teologia é pecado

O livro de *Clodovis Boff*, "Método Teológico", é uma obra excelente. Em português, desconheço manual melhor na área de introdução à teologia. Primeiranistas utilizamos o livro na cadeira Hermenêutica Teológica.

O tema desta reflexão, qual seja, pecar enquanto se estuda teologia, é alinhavado por *Boff*. O excelso teólogo afirma que a teologia tem de estar a serviço das pessoas, máxime dos pobres, preferidos de Jesus. Assim, estamos novamente em face do ditame que nos impele a agir sob o princípio da *evangélica opção preferencial pelos pobres*. O autor em apreço assevera que a ciência teológica não deve ser estudada por mero prazer. Proceder deste modo é acutilar a teologia. É claro que o prazer tem de ser um elemento; dá o tempero. Mas o prazer por si só não consistirá no motor precípuo, na razão de ser das especulações teológicas.

O teólogo de verdade, consoante a ensinança de *Clodovis*, tem um pé na comunidade e outro na biblioteca. De fato, o teólogo precisa parar para calibrar o pensamento. Colocar em ordem os trabalhos. Mais tarde, transmitirá a nós, estudantes e simpatizantes da teologia, informações precisas relativamente à realidade contemplada pela ótica da fé. Com certeza, o teólogo ajudar-nos-á a caminhar, ou melhor, a percorrer o caminho que conduz à salvação. Não há salvação fora da caridade! Por conseguinte, o tema da justiça e da opção preferencial pelos pobres é uma constante de qualquer teologia saudável.

Pecam igualmente os que estudam teologia no afã de legitimar o *status quo*. Na realidade, este grupo de pessoas pertence a instituições de cunho bastante conservador. A teologia deles se baseia numa religião *light*, descomprometida. Em outras palavras: *privatizam* a fé. Fazem-no despudoradamente e inda se arvoram o título de *ortodoxos*, quando, na prática, seus ouvidos estão moucos às censuras que os recentes papas constantemente lançam contra o capitalismo e o neoliberalismo. Que Deus ilumine todos os teólogos!

Relações trinitárias

Os tempos que vivemos necessitam sobremaneira de relações trinitárias. Segundo a doutrina cristã, Deus é um em três. Deste modo, é impossível que haja entre as pessoas divinas um relacionamento neurótico. Dar-se-ia o aludido jaez de comportamento, se o Pai mirasse para o Filho, e o Filho mirasse para o Pai, *in secula seculorum*. Sem embargo, tanto o Pai quanto o Filho olham para o Espírito Santo, a terceira pessoa da santíssima Trindade. Neste "momento", os dois, o Pai e o Filho, não se contemplam mutuamente, porquanto estão votados para um terceiro. O Espírito Santo contempla o Pai e o Filho.

Deus é amor. Só pode ser amor, porque é interação entre as três pessoas. Assim, criando-nos à sua imagem e semelhança, dotou-nos da capacidade de amar. Todavia, este dom magnífico fora antanho conspurcado pelo pecado original, sendo diariamente aviltado pelas nossas faltas presentes, chamadas de *pecados atuais*. Internamente falando, Deus vive e cria o amor. Na sua manifestação para com o ser humano, consoante o magistério do bispo de Hipona, santo Agostinho, Deus derrama *caridade*. Eis, pois, o singular diferencial entre *amor* e *caridade*. Neste diapasão, ser descaridoso ou caridoso é problema antropológico vital. Não se trata de uma virtude simplesmente. Daí se extrai a relevância da teologia para o direito, bem como para a cultura, de um modo geral, vez que são as normas jurídicas e a cultura que forjam a estrutura da sociedade, comunicando os valores nos quais os cidadãos se escoram.

O crente que se puser a perscrutar os meandros da vida íntima de Deus, por meio da oração, do estudo e da meditação, certamente perceberá a ocorrência de uma mudança copérnica em sua vida, vale dizer, na sua cosmovisão. Passará a entabular relacionamentos de grande qualidade, prenhes de intensidade e semanticamente ricos. Infelizmente, a violência à qual assistimos, quer parta ela das instituições (péssima distribuição de renda, justiça morosa, desemprego etc.), quer proceda ela das pessoas individualmente (egoísmos, rusgas por qualquer dá cá uma palha, assassínios etc.), é, em certa medida, fruto de uma compreensão enviesada de Deus. É o Pai olhando para o Filho, num fitar infinito, num querer bem que facilmente degeneraria num narcisismo. Nesta dualidade, espelham-se os que só se preocupam com sua família, com seus filhos, ou seja, aqueles que fazem uso extremo e patológico do pronome possessivo. Não há um terceiro para essas pessoas. O terceiro que bate à porta, pedindo comida, é sumariamente ignorado.

Masturbação: pecado ou fraqueza?

É bom que saibamos diferençar *pecado* de *fraqueza*. Antes de mais nada, um conceito de pecado: todo ato ou omissão que contraria uma lei divina. Esta definição é bastante simples, mas se presta para dar uma idéia de pecado. Uma pessoa que comete um homicídio (crime punido pelo estado) pratica também um pecado. Na hipótese aventada, vulnera-se o quinto mandamento do decálogo, que reza não matar um ser humano.

Há comportamentos sexuais que não constituem delitos sociais, porém são pecados. Fiquemos com o exemplo do adultério. Moralmente falando, é uma infração grave da lei de Deus, proibida pelo sexto e nono mandamentos do decálogo, por conseguinte, um pecado mortal. Do ponto de vista do ordenamento jurídico brasileiro, este ato foi considerado infração penal até 2005 ou 2004, quando, então, ocorreu o fenômeno da *abolitio criminis*, vale dizer, os legisladores, representantes do povo brasileiro, decidiram tirar o adultério do rol dos crimes.

A masturbação, onanismo ou ipsação, é objetivamente má, ensina o Catecismo da Igreja Católica. Todavia, é imperioso distinguir entre o pecado e a fraqueza. Quem estiver, com empenho, combatendo a "satisfação solitária" não deve sentir-se mal em cada recaída. A recaída se deve provavelmente à debilidade da pessoa que se masturba, e não necessariamente corresponde ao consentimento deliberado de um pecado. Malgrado o ensinamento expresso na encíclica *Veritas Splendor* desautorize a doutrina da *opção fundamental*, penso que a masturbação de um adolescente, por exemplo, tenha de ser abordada com muita prudência e ponderação. Até mesmo se o vício for levado a cabo por um adulto. Geralmente revela um alto grau de ansiedade e carência. É uma válvula de escape. Torna-se, pois, difícil aferir o grau de responsabilidade do homem e da mulher que fazem uso do onanismo. No que toca aos aspectos médicos, a situação é diferente. Ao que tudo indica, a maioria dos médicos vê a masturbação como um comportamento perfeitamente normal. Alguns psicólogos chegam a asseverar que a masturbação traz benefícios ao indivíduo. Bem, estas questões não me dizem respeito. O relevante é frisar que, moralmente falando, a masturbação é ruim por traduzir-se num fechamento, num ensimesmamento da pessoa, que se afasta do parceiro sexual, impedindo, assim, a plena realização afetivo-humana.

Para finalizar, gostaria de dizer que quem estiver vivendo um "período masturbatório" tem de compreender essa fase como fraqueza, sem neurotizar a situação.

Mesmo que haja bastantes recaídas, não se pode desanimar. Lembremo-nos de São Paulo, quando anuncia que onde abundou o pecado superabundou a graça. Um remédio muito eficiente contra a masturbação é a reza do terço. Nossa Senhora, protetora dos aflitos, vem sempre em consolo daqueles que lhe suplicam um ajutório.

Fides et Ratio

Entre os monumentais legados de João Paulo II, encontra-se, indubitavelmente, a portentosa encíclica *Fides et Ratio*. De fato, a partir das reflexões do papa, renovou-se a relação entre a teologia e a filosofia. Mais. A filosofia sentiu a necessidade de um diálogo franco e aberto com a teologia. O ponto nevrálgico decerto não é este. O que ocorreu foi o desabrochar de uma necessidade. A teologia mostrou-se confiável, porque, sem a luz de Cristo, as realidades científicas tornam-se opacas, sem sentido nenhum.

João Paulo II rechaça qualquer tentativa de dar ênfase a um fideísmo. Nem fideísmo, nem racionalismo. Se a fé, sem o suporte filosófico e teológico, é pura fantasia, a filosofia, carente do lume teológico, é outrossim uma quimera. A encíclica do saudoso papa restabelece a fusão entre estes dois ramos do conhecimento humano.

Encetando novo diálogo entre a ciência e a fé, João Paulo II encoraja todos os homens de boa-vontade, mormente os pensadores contemporâneos de grande fôlego, a envidarem esforços no sentido de se forjar uma realidade nova. Sim, porque a realidade, quer seja política, quer seja social, está umbilicalmente dependente do arrimo teórico, ou seja, se não pensarmos corretamente, não seremos capazes de uma vida reta, que conduza à realização do homem. O alienado simplesmente absolutizou a ciência (o que o papa chama de "cientificismo"). Atribui-lhe ares de infalibilidade. A pessoa razoável e ponderada compreende que o mito da ciência inexpugnável está deveras comprometido e combalido. Por quê? Porque a ciência mostrou que é falha; a ciência exibiu suas limitações. Os homens, então, ficaram um tanto quanto perplexos. Mas, como enquanto houver vida sobre a face da Terra, sempre subsistirá a necessidade de emprestar sentido à vivência humana, bem como a obrigatoriedade de interpretar essa mesma vivência, é óbvio que o homem se volva à teologia e se apóie nela, estabelecendo uma síntese entre teologia e filosofia.

O encontro entre o cristianismo e a filosofia não foi fácil, assinala o papa. Todavia, com o passar do tempo e o evolver das reflexões, restou claro que o cristianismo impregnou a ciência de substância; fê-la debruçar-se sobre os temas intrinsecamente humanos.

Com o desaparecimento de João Paulo II, perdemos um grande pensador, alguém capaz de elaborar disquisições gigantescas, que perscrutava a fundo a alma humana e hauria soluções simples e saborosas.

Feriado de 12 de outubro: justifica-se mais um feriado religioso em nosso país?

Em primeiro lugar, proponho-me responder a uma pergunta bastante simples, a saber: o que se comemora no dia 12 de outubro? Respondo: a padroeira do Brasil, nossa Senhora Aparecida (Maria, mãe de Jesus Cristo).

A segunda pergunta é a do título desta reflexão: é aceitável mais um feriado religioso no Brasil? Os protestantes, que até o século XVI eram católicos, e hoje se autodenominam *evangélicos*, respondem negativamente. Na mesma linha vão os liberais, que perfilham a tese de um estado absolutamente laico. Repugnou-lhes, por exemplo, o preâmbulo da constituição federal, pedindo a proteção de Deus.

O primeiro argumento favorável à mantença do aludido feriado é conhecido por todos. O povo brasileiro é majoritariamente católico. Somos a maior nação católica do mundo, graças a Deus. Arrimado numa fé quase sempre singela, o povo humilde e pobre caminha, de esperança em esperança, buscando melhores dias. Neste sentido, nossa Senhora cumpre um papel muito relevante, porquanto a gente simples a vê como a protetora de todos os aflitos, a mãe amorável que intercede pelos mais pobres. Prova disso é a quantidade de peregrinos que afluem ao Santuário Nacional de Aparecida todo fim de semana.

O segundo argumento em prol do feriado em apreço é o valor que está por trás da devoção mariana. Com efeito, a crença em Maria como medianeira das graças recrudesce a auto-estima do povo. O povo resgata em Maria a crença em si próprio, a confiança na capacidade de edificar uma sociedade mais justa. Esta piedade popular funciona como um tipo de *combustível*.

Creio que podem ser aduzidos e levados em conta muitos outros argumentos, talvez até mais poderosos que os arrolados nestas linhas. Contudo, penso que algo importante a se fazer neste feriado é parar para refletir um pouco no significado dele. Não simplesmente mais um período de repouso e de lazer; um feriadão, como se diz. Uma boa dica é abrir a bíblia e ler a respeito da trajetória de Maria na história da salvação (exs.: Lc 1, 26-38; Lc 1, 46-55). Além disso, é útil consultar um documento do magistério eclesiástico sobre a virgem Maria (ex.: *Rosarium Virginis Mariae*). Sabe, não se trata meramente de uma atitude tipicamente religiosa. Deveríamos fazer o mesmo com Tiradentes, proclamação da república..., e com tantos feriados cívicos que há ao longo do ano. A questão primordial é não deixar passar em branco. Do contrário, não estaremos agindo como seres humanos, isto é, criaturas pensantes e críticas, mas comportar-nos-emos como autênticos robôs.

Leonardo da Vinci disse: "Chegar a Jesus sem Maria é como querer voar sem asas." Recorramos a Maria todo dia 12 de outubro. Aliás, recorramos a ela todo dia, pedindo-lhe que nos auxilie a dar um sentido ao nosso dia-a-dia.

O peixe atropelado

Se viver é divinal, não é nada fácil. Explico-me. A gente sofre um montão de problemas. O primeiro deles é com certeza o relacionamento. Se a gente é introspectivo, as pessoas cobram muito. Querem arrancar a alma da gente. Principalmente no Brasil, cada um cuida da vida do outro.

Prefiro o frio glacial da Finlândia ao jeito cálido do latino-americano. E gente para interessar-se pelo que é alheio e torcer para ver o féretro do próximo! Para o cristão, a vida é ainda mais árdua, pois cumpre-lhe o papel de ser gentil, compreensivo etc. Ele não pode mandar tudo para aquela pessoa, que amiúde se diz, erradamente, aquele lugar...

Preciso encontrar o fio da esperança, pois o convívio com os animas não é algo que me supra as necessidades tão humanas. Os pobres, preferidos no evangelho, não são santos, por serem pobres. Muito pelo contrário! Há-os tão ruins e cruéis quanto os abastados. Talvez a esperança resida em fazer a vontade de Deus. Em meio à tempestade, ter presente e ser capaz de bispar um mundo melhor, em que haja fraternidade autêntica.

Será que os taciturnos e macambúzios não têm lugar neste mundo? Por que a perseguição a quem só pretende viver em grau máximo o *rigth to be alone*? Por que é preciso que saia por aí a comunicar minha vida particular, meus pensamentos?

Vamos sair deste *boom* de pessimismo. Quiçá o segredo do bom relacionamento esteja em escrutar as coisas boas do próximo, que existem efetivamente. Encontrando-as, devemos explorá-las tremendamente. Só assim edificaremos um mundo melhor, onde possamos viver com qualidade.

Amizade

Amizade. Muito já se gastou de tinta e papel para falar deste tema. De qualquer modo, penso que há sempre uma palavra nova a ser dita. Proponho-me a discorrer acerca das nuanças religiosas da amizade. Sim, porque inexiste qualquer coisa na vida que não seja permeada pela religião. Este fenômeno ocorre, a despeito do querer das pessoas; a despeito até das ideologias atéias, que denegam a presença carinhosa de Deus.

O modelo do amigo é Jesus Cristo. Jesus é a segunda pessoa da santíssima Trindade, isto é, Deus encarnado, feito homem. Enquanto ser humano, igual em tudo a nós, menos no pecado. Assim sendo, o homem Jesus Cristo nos resgatou para a vida eterna e o homem Jesus Cristo é o padrão do ser humano. Diz-nos o Concílio Vaticano II que o ser humano só se conhece verdadeiramente sob a luz do mistério de Jesus Cristo. O cristianismo ilumina a condição humana, desvendando-lhe sua dignidade intrínseca e inalienável.

Jesus é um amigo perfeito. Nunca trai a pessoa que dele se aproxima. Todavia, muitas vezes – podemos observá-lo nos relatos evangélicos –, Jesus sabe repreender os amigos, dizer não. Enfim, o amigo Jesus tem em mira o escopo de cada pessoa, qual seja a salvação da alma, a caminhada para a *visão beatífica*, vale dizer, a felicidade eterna. Mas Jesus está cônscio de que estes acontecimentos póstumos têm lugar aqui, na Terra, neste vale de lágrimas. Por isso, os relacionamentos são extremamente importantes e ganham foros de mediação salvífica.

Jesus não relativiza o mal. Encara-o confiantemente e denuncia o falso moralismo dos fariseus. A propósito, Cristo fora condenado à morte de cruz, porque colocou às claras as mazelas dos poderosos da época, verdadeiros inimigos do povo.

Quem quiser praticar e viver a autêntica amizade tem de compulsar as páginas do evangelho e assimilar o denominado *modus vivendi Christi*. Como Jesus reagiria nesta situação concreta? Que resposta daria ele àquele amigo que está inquieto? É possível empregarmos os critérios de Jesus, pois eles nos foram relatados na bíblia e por intermédio da Igreja católica, fundada por Jesus para transmitir ao mundo a boa nova da amizade de Deus.

O amigo verdadeiro, o amigo cristão, estará sempre a postos na hora da necessidade. Este amigo não permanece o tempo todo às voltas do amado, acariciando-o e adulando-o. Não! Ele quer o bem e a salvação da pessoa que ama. Uma outra característica da amizade nos moldes cristãos é a insistência. O amigo insiste sempre, nunca desiste; bate sempre à porta, quer ajudar a pessoa querida, quer reconfortá-la.

Limites ao amor

O amor, às vezes, extrapola os limites. Refiro-me às barreiras sociais e morais. Por exemplo, será que um homem casado pode verdadeiramente gostar de outra mulher e com ela manter uma relação extraconjugal? Em princípio, a resposta é não. Os moralistas de plantão (pregam, mas não fazem) trucidam quem advoga tal tese. No entanto, a pergunta continua de pé.

É certo, porém, que o amor não se confunde com egoísmo a dois. Na verdade, o amante cristão precisa estar pronto a renunciar a si próprio em prol da pessoa amada. Não é nada simples fazê-lo, pois a vaga hedonista faz malograrem os melhores propósitos. Entretanto, sempre existem homens e mulheres que conseguem encarnar o amor verdadeiro.

Alguns entendidos desejam estabelecer regras acerca do comportamento do casal na alcova. Creio que esta tarefa é enormemente árdua, porque o tálamo nupcial é o reduto da expressão amorosa mais íntima. Que limites haverá? Será factível estabelecer um tipo de coito canônico? Cuido que não. Verberam os casais de modo icástico: na cama nós determinamos as regras! Pois bem, devem os padres e a Igreja imiscuir-se no recesso do lar?

A moral católica diz respeito a todos os meandros da existência humana. Por quê? Porque Deus nos perscruta de dia e de noite, onde quer que estejamos, como canta o salmista. É mister que nos comportemos quais pessoas humanas, criadas à imagem e semelhança de Deus, em qualquer situação. Este é um truísmo, contra o qual não há dissensos sérios. De outra banda, não cabe à Igreja discorrer pormenorizadamente sobre as posições sexuais, mas compete-lhe exarar o princípio de que todo ato sexual tem de estar potencialmente aberto para a fecundidade.

O amor, a afetividade, são, destarte, forças incríveis. O homem não pode negar o próprio desejo. Pode, quando muito, controlar o desejo, mas negar a libido implicaria agressão à alma. No cotidiano, na reciprocidade do amor, no comércio sexual entre marido e mulher, encontram-se os meios castos de exprimir o amor e de fruir do legítimo deleite carnal.

Limites

Gosto muito de um poema de *Fernando Pessoa* ("Poema em linha reta") que retrata bem a condição humana. À certa altura, o poeta ironicamente atesta que nunca conheceu perdedores; todos são ou foram campeões. Só ele é vil. Apenas ele cometeu erros e teve desejos torpes. Conclusão: o homem nega a si mesmo; não assume seus limites, sua fraqueza e o montão de pecados e crimes que vive a consumar.

Apraz-me memorar as visitas que João Paulo II fazia aos presos de Roma. O bispo da cidade eterna contava aos presidiários que comparecia àquela enxovia como alguém enviado ou mandado. O santo padre se reportava ao evangelho de são Mateus (Mt 25, 31-46): "Estive preso e vieste me visitar." Mas o que me tangeu a alma foi o papa mostrar que não era diferente de nenhum daqueles condenados. Em nenhum momento, o vigário de Cristo adotou uma postura moralista. Seu desiderato era apostólico: confortar os irmãos que se encontravam sob o jugo do direito penal.

Outra vicissitude que vem a minha mente neste momento é o assassínio de uma garota, anos atrás no meu bairro. O namorado dela, enlouquecido em face de um rompimento, deu cabo da vida da moça. Todos ficamos estupefatos com o ocorrido. O jovem foi objeto de ódio e linchamento moral. Ora, vislumbro em tudo isso um quê de hipocrisia. É óbvio que atitudes macabras como esta têm de ser evitadas a qualquer preço (quinto mandamento do decálogo: não matarás.). Todavia, suplico que meu dileto leitor seja sincero na resposta: quem está absolutamente seguro de que jamais cometerá um ato tão pérfido? Será que conhecemos verdadeiramente nossos limites?

Quando o ânimo está quebrantado

Há momentos em que nosso moral está baixo. Não dispomos de força, ou seja, de ânimo novo. Várias possibilidades podem confluir para que obtenhamos esse ânimo revigorado: namorada diferente, emprego, ganhos extras etc. Nada obstante, o único meio de ganharmos a felicidade autêntica e a realização humana é a entrega de nossa vida a Deus.

Estas coisas soam estranhas, não é verdade? Principalmente se pararmos para pensar que, na prática, Deus não existe. Acordamos, comemos o pequeno-almoço, rumamos para o trabalho, trabalhamos, voltamos a casa, e nenhum pensamento em Deus, nem sequer uma simples jaculatória. E o pior não é isso. O mais pernicioso dessa história toda é que Deus, ou os valores dele, não está presente quando temos de tomar decisões. Ninguém confessaria não acreditar em Deus, mormente o brasileiro que é tão supersticioso. Mas, no dia-a-dia, Deus simplesmente não existe! Se levarmos a ferro e a fogo esta assertiva, temos de nos defrontar com o famigerado princípio que *Dostoieviski* meteu na boca de uma de suas personagens: se Deus não existe, então, tudo é permitido. Ora, a máxima do escritor russo é uma constatação diária. Assim no ambiente privado como na esfera pública, Deus é um eterno desconhecido. O Brasil católico é um país de ateus práticos e pragmáticos.

Voltando ao tema da reflexão. Nosso moral estará sempre quebrantado, em frangalhos, porque somos seres deprimidos o tempo inteiro. Ocorre que, feliz ou infelizmente, não o notamos. A existência pode ser um sem-sentido. A solução jaz na sabedoria de santo Agostinho: nosso coração está inquieto, até que repouse em Deus. Por conseguinte, se passarmos a colocar Deus na nossa vida, é claro que derrotaremos o desânimo e seremos novas criaturas.

A festa para o cristão

O cristão vive em festa. Mesmo nos momentos tristes, ele não perde a alegria interna, que é deveras ontológica. Um santo triste é um triste santo, diz o ditado. Um cristão acabrunhado não contagia ninguém. Pelo contrário, seu comportamento repele os outros e se reveste de um contratestemunho. Por isso, o cristão tem de estar sempre feliz. A felicidade do cristão enraíza-se sobretudo na constatação de que a morte foi vencida por Cristo. Não há óbito para sempre. Morrer não é o fim. É o começo de uma novel existência; vida ditosamente inigualável: vida depois da vida!

A principal festa do cristão é a eucaristia: a missa. Cristão sem eucaristia não é cristão de verdade. É um papagaio esquisito, uma pessoa sem brilho. O domingo é o primeiro dia da semana. Encetamos a semana sob o influxo da eucaristia. É a missa dominical que outorga relevo aos outros dias. Não só relevo; de fato, inculca força sacramental a cada dia.

Quem vive em festa lida com os problemas de forma serena. Não sucumbe diante da crise, mas cresce com ela. É mais ou menos o comportamento do lendário James Bond: não perde o bom humor em hipótese nenhuma; até mesmo nas circunstâncias de grande risco de morte. Fantasia à parte, o cristão deve sempre agir festivamente. Recordemos os primeiros mártires: cantarolando, caminhavam em direção aos algozes.

Esta festa incessante será realidade se o cristão fizer duas experiências: a freqüência aos sacramentos e a oração. Nutrindo-se dos sacramentos e orando sem cessar, a festa do cristão não terminará nunca.

Jesus disse que veio ao mundo para que tivéssemos vida abundante (Jo 10,10). O que é vida abundante, senão a vida em festa plena. Desta maneira, uma das missões do cristão, talvez a mais importante, é ajudar na construção de um mundo melhor, mais justo, em que haja terra e trabalho para todos. Enquanto houver uma pessoa sequer sem os direitos respeitados, o cristão, embora feliz por sua própria natureza, não descansará um minuto.

A festa magna ocorrerá no céu. Chegará um dia, que os santos recebiam com festa e alegres, no qual passaremos pela morte. Seremos nós e Deus apenas, mesmo que haja muitas pessoas presentes no quarto ou no hospital. A festa no céu será algo inimaginável. A visão beatífica é o nome da festa. Não será um convescote sem fim, em que as danças, as músicas jamais findam. No céu não há tempo. Há como que um momento eterno. Se houvesse tempo, decerto seria enfadonho. A festa no céu não tem comparação com nenhum acontecimento terrestre. Aliás, a respeito destes novíssimos, falamos de forma analógica. Não temos palavras para descrever o inefável.

A importância de um retiro espiritual

Penso que todos deveríamos fazer retiro; clérigos e leigos. Em princípio, vem à mente a idéia errônea de que este jaez de recolhimento espiritual está reservado aos curas. Creio que não. Retirar-se de quando em quando, e por motivos religiosos, é realmente imprescindível.

Nossa vida está pesada e ofuscada. Atropelam-nos mil interesses mesquinhos. O consumismo diabólico toma conta de nós, mesmo que não o reparemos. Um retiro espiritual certamente terá o condão de desbastar a alma tão agrilhoada ao supérfluo.

A oneomania (compulsão para compras) de determinadas festas (como o Natal, por exemplo) é corolário de uma sociedade débil e doente. O retiro nos resgata a nós mesmos. Encontramo-nos com nós próprios. Este sou eu? Diremos boquiabertos. Muita gente acaba vivenciando uma crise: meu Deus, o que fiz de mim mesmo? Enterrei-me num poço de quimeras. Sinto-me oprimido agora pelo jugo das ideologias e do preconceito. Estas constatações descortinam perspectivas lancinantes. Possuídos de nós mesmos, voltamos à vida.

O retiro espiritual é a *periodontia da alma*. Depois de limparmos nossos dentes, testemunhamos o frescor e o júbilo da higiene oral. O banho na alma, aplicado no retiro, põe-nos novamente em contato com Deus. A imagem e semelhança divinas impressas na alma ganham viço revigorado. Em suma, o amor refloresce. Ao sairmos do retiro, indubitavelmente seremos amantes mais robustos, excitados para a caridade e solidariedade.

A Trindade na Igreja

Penso que nenhuma análise nesse campo será bem elaborada se prescindir dos estudos de *L. Boff*. Sem sombra de dúvida, o ínclito teólogo aprofundou bastante o referido problema.

Mercê de uma concepção monarquista, a Igreja ainda caminha sob os influxos do centralismo romano. Aqui não se desfere nenhuma crítica ao papel desempenhado pelo vigário de Cristo. É-lhe imputada uma plêiade de prerrogativas, oriundas do mandato de Cristo, bem como do *poder das chaves*. O cerne da questão está mais votado para o *modus operandi* da cúria romana. Com o Concílio Vaticano II, é certo que a situação melhorou sobremaneira, porquanto houve um movimento de internacionalização dos dicastérios, com a participação de prelados de quase todas as potências do orbe terrestre.

A pessoa imbuída de *pericórese*, isto é, o homem ou a mulher que se converteu pela realidade intratrinitária não possui olhares de superioridade para com os outros. Ao revés, vê-os como irmãos, dotados de qualidades e jungidos às limitações demasiadamente humanas. Estar inoculado por essa realidade, sobre ser o resultado de uma autêntica conversão, significa outrossim uma ascese constante. Neste ponto, é bom frisar que os que detêm o poder devem exercer sua função como serviço à comunidade. O próprio papa se intitula *servus servorum Dei*, servo dos servos de Deus. A frase é bela, porém, implementá-la efetivamente demanda uma série de renúncias, além de exigir constância e perseverança. A aludida oração, servo dos servos de Deus, é um mote que tem de ser introjetado por todos os crentes.

Boff mostra com clareza que no grêmio da Igreja grassa uma postura monarquista, vale dizer, bastantes eclesiásticos (e leigos também) agem como se Deus não fosse trino: um nonoteísmo atrinitário. Observa-se, desta maneira, quão importante é abandonar o altiplano das idéias e produzir gestos novos, copiosamente inspirados pelo mistério trinitário. Não se deseja discutir o sexo dos anjos. Uma visão errada de Deus, sobretudo no campo da afetividade, conduz ao descompasso e a atitudes detrimentosas aos irmãos e ao evangelho. Relativamente a este tema, *Boff* explica a diferença entre *significado*, *significante* e *significação*. Exatamente a significação comporta o conteúdo afetivo. O significante é o vocábulo técnico empregado; o suporte filológico. O significado, por sua vez, representa a realidade mesma que o significante visa a comunicar. Assim, por exemplo, o significante "pessoa" reporta-se aos entes trinitários, aludindo aos caracteres de cada um deles etc. O significado é a mudança que ocorrerá à nossa volta.

Sabemos que a Igreja, santa e pecadora, nunca renunciará ao processo de conversão. Na América Latina, ao lado dos pobres, denunciando as mazelas quer do capitalismo quer do regime militar, a santa madre Igreja católica deu um testemunho ímpar, fruto de uma autêntica piedade pericorética. A atuação da Igreja no Brasil revelou-se exemplo para o mundo inteiro. O vigor da teologia da libertação só pode ser compreendido e explicado nos meandros de uma espiritualidade pericorética. O modelo autoritário que supervaloriza a Igreja docente em contraposição à Igreja discente não deu bons frutos, apenas fornece amparo para uma estrutura burocrática que nada corresponde aos ideais de Cristo.

Amor verdadeiro

Muita gente restringe o amor ao sentimento. Será que é mister a combinação de ambos os ingredientes: amor e sentimento? *Grosso modo*, quem ama nutre um certo sentimento, quer de comiseração, quer de respeito ou verdadeira adulação pelo ser amado. Todavia, nem sempre é assim. Pensemos, *verbi gratia*, no juiz que prolata uma sentença equânime. À primeira vista, o magistrado deve agir segundo critérios de justiça. Aqui reside o amor, pois a sentença comporá o litígio, independentemente de quaisquer predileções pessoais do sentenciador.

Mas o amor verdadeiro não se junge à justiça. Quem é justo diz: isto é meu, aquilo é seu; o amante afirma: isto e aquilo são nossos. Esta tem de ser a perspectiva do cristão. Na verdade, hodiernamente, torna-se muito difícil a prática do amor genuíno. Por quê? Simplesmente por encontrarmo-nos imersos no egoísmo. Relações abstrusas não geram o amor; pelo contrário, esta sorte de relacionamento faz surdir comportamentos vis e desairosos. Parece que as pessoas só se permitem constranger pelo musculoso braço da lei. Repare no caos que se estabelece quando um sinal semafórico está avariado. É um deus-nos-acuda! Ninguém respeita ninguém. Falta o amor.

O cristão possui diante de si uma gravíssima missão: restabelecer o amor. Se pensarmos no *macro*, estaremos perto do desânimo, porquanto não é fácil mudar as estruturas societárias já tão viciadas. De outro lado, se pensarmos no *micro*, vale dizer, nos seres e relacionamentos que estão no nosso entorno, é factível a mudança para melhor. Isto não significa que devamos contentar-nos com nosso mundinho, com nossa família e os pequenos ou grandes problemas que nos acometem. Se vivermos o amor cristão, não haverá fronteiras e, neste sentido, estender a mão ou conversar com um sofredor de rua passará a ser algo presente dia a dia. Estabeleceremos elos de amor.

Jesus disse que veio ao mundo, a fim de que tivéssemos vida abundosa (Jo 10,10). A vida copiosa é um apanágio de Deus. Deus só pode no-la dar em grande quantidade, à fartura. Creio que a vida abundante, à qual se referiu Jesus, implica outrossim a construção de uma sociedade justa e solidária, em que os bens sejam repartidos com eqüidade. Daí o importante liame que subsiste entre o amor e a *doutrina social* da Igreja. Esta doutrina é parte integrante do amor, ou melhor, reflexo desse amor imane com que Deus nos ama.

Religião

Aqui no Brasil, quando se fala em religião, há vários tipos de reação. Quase a unanimidade afirma que ter uma religião é muito importante. Ninguém tem a coragem de se declarar ateu. Entretanto, tão-somente uma minoria pratica uma religião, mormente a católica. Entre os que são indiferentes, existem os agnósticos por convicção e os que se decepcionaram com o comportamento dos que dizem professar uma fé. Infelizmente, os crentes, principalmente os católicos, freqüentemente dão um enorme contra-testemunho. A vida deles não condiz com a doutrina de Jesus Cristo. Surde um abismo imenso entre o que falam (justiça, opção pelos pobres, caridade etc.) e o que fazem (opressão, descaridade, egoísmo, consumismo, hedonismo, individualismo etc.). Em que pese à quantidade de gente que acredita em Deus e cumpre os ritos religiosos, o mundo está cada vez mais egoísta, injusto e belicoso.

Observando as pessoas que são praticantes, constataremos que boa parte é simplesmente supersticiosa. Entabulam uma relação mágica com o sobrenatural. Sua "vida religiosa" consiste em barganhar com Deus: se o Altíssimo me conceder tal coisa, acenderei uma vela em honra dele ou farei uma romaria a Aparecida. Em suma, não possuem *vida interior*. Estão longe da conversão. Antes, mesmo sem o reconhecer, desejam que Deus se converta a elas. Esta gente é de fato péssimo testigo, porquanto os membros mais sensatos e cultos da sociedade passam a enxergar neste comportamento o *modelo da prática religiosa*. Assim, tacham essa gente de alienada. Com *Carlos Marx*, asseveram que esta religião é o *ópio do povo*, que não dispõe de recursos financeiros para adquirir drogas mais poderosas e eficazes. Sou da opinião de que os referidos críticos estão certos. Este modo de conceber a religião, privatizando-a e relegando-a a um *departamento da vida*, não se coaduna com o evangelho de nosso Senhor Jesus Cristo.

A religião pressupõe uma maneira diferente de ver a realidade. Passa-se a usar os *óculos de Deus*. A transformação é plena. Deve construir um *alter ego*, embebido no amor. Parodiando são Tiago, podemos afirmar que a religião pura e sem mácula diante de Deus é assistir os pobres e as viúvas em suas tribulações. O resto é bobagem! Outra coisa na qual devemos pensar: quem não regra suas atitudes sob o pálio dos valores do evangelho é igualmente ateu. Para mim, ateu é a pessoa que pelos seus atos mostra que não acredita em Deus (ateísmo prático). E também acho que bastantes seres humanos têm medo de perscrutar a alma e externarem dúvidas acerca da existência de Deus. Crêem que uma tal lhaneza roubar-lhes-ia o chão em que pisam e, por isso, optam por "acreditar em Deus". Se em realidade acreditassem em Deus, mudaria seu jeito de viver. A religião não seria um corriqueiro evento hebdomadário.

A experiência da fé

Há modalidades de experiência da fé não condizentes com o credo cristão, nem tampouco com o bom senso. Por exemplo, os movimentos de cunho pentecostal, encontrados também na grei católica, não revelam uma experiência licitamente cristã. São fruto do imediatismo e de uma mentalidade do fantástico. Esta espécie de experiência tem muito de alienante; em nada contribui para a instauração do reino de Deus.

A experiência cristã saudável ocorre quando não fazemos a dicotomia entre fé e vida. A experiência de fé leva ao reconhecimento de Cristo no irmão angustiado e lascado. Não existe outra via. Quem desejar uma experiência de fé cristã terá de socorrer o próximo, abandonando o lugar social privilegiado.

A teologia, bem como a experiência de fé, só terão sentido na hipótese de o católico se inserir de chofre na vida do próximo, procurando ajudá-lo em todos os sentidos. Caso contrário, tudo não passará de um mero dilentantismo ou, como se diz, fogo de palha.

O cristão e o ódio

Um cristão não pode agir com ódio, em nenhuma hipótese. Se o cristão ceder à tentação da ira, vai dar um testemunho às avessas. Por outro lado, isto não quer dizer que o cristão não possa *sentir* ódio. De fato, ele o sente, porque é um ser humano como qualquer outro. Antes de manifestar um sentimento de vingança ou arquitetar um mal, o cristão precisa ter em mente a máxima de santo Agostinho, segundo a qual é melhor sofrer uma injustiça do que causá-la. É um verdadeiro pacto estabelecido entre o cristão e Deus. O sacramento do batismo ratifica esta avença, tornando-a inconcussa. Contamos com a graça, mas é importante estarmos sempre atentos, se não quisermos cair na tentação do revide, da invectiva fácil e "prazerosa". Ora, isto não significa dizer que o cristão há de comportar-se como um semideus. Não. A pessoa madura irá ao encontro de meios salubres para desabafar. Não lhe é solicitado que represe o ódio.

Em qualquer situação, é bom que se diga, o cristão jamais será exitoso, se não puder contar com a ferramenta da oração. Aliás, a oração não é só uma arma potente e um instrumento solerte; ela consiste num autêntico modo de viver: é-se uma *pessoa de oração*.

Devemos tomar atitudes corajosas em prol da paz, da justiça e da concórdia. No que tange especificamente à problemática do ódio, do rancor e da vingança, busquemos alento na oração de são Francisco: onde houver ódio, fabriquemos o amor e procuremos antes amar do que sermos amados, pois é dando que se recebe e é perdoando que se é perdoado.

É muito comum que nos cobrem acerca da coerência de vida. Você vai à missa aos domingos e se comporta deste modo? Coração ao alto! Abramos nossa mente, nosso coração. Não fiquemos satisfeitos com a mediocridade. Deus espera muito de nós.

O trote cristão

Nos meses de janeiro e agosto, é comum a gente encontrar dezenas de jovens nos faróis. São os "bichos" ou calouros universitários. Abordam os motoristas, pedindo dinheiro. Uma moedinha é suficiente. É o famoso trote que tem de enfrentar quem entra na faculdade.

Na minha opinião, esse tipo de trote não leva a nada. Apenas expõe os garotos e as garotas ao perigo de serem atropelados. Por que não começar a sedimentar nessa juventude o sentido de cidadania e responsabilidade? Em vez de serem forçados a esmolar nos semáforos, os calouros deveriam ser "obrigados" a comparecer a um asilo de idosos, por exemplo, permanecendo com os velhos por um dia inteiro. Visitar uma creche. Fazer um "arrastão" pelas ruas, socorrendo os milhares de irmãos que jazem nas calçadas, sem esperança alguma. Conversar com essas pessoas. Tudo isso redundaria em amadurecimento e formaria nos neo-universitários uma têmpera de solidariedade. Um trote altruísta suscitaria espíritos mais comprometidos com as causas sociais e menos interessado no sucesso financeiro e profissional.

Nossa missão é reinventar a sociedade. Os costumes nitidamente de viés capitalista têm de ser abolidos. Em seu lugar, é mister engendrar novas atitudes, carinhosas com os que mais sofrem. O trote poderia ser uma oportunidade para resgatar na juventude estudada o interesse e a preocupação pelos desafortunados. Afinal de contas, quem se forma numa faculdade não pode esquecer-se de que tem uma tremenda responsabilidade social.

A tibieza

O tíbio é um ateu em potência, leciona *F. Fernandez Carvajal*. Um dos maiores males que nos assola é o *desfalecimento das virtudes teologais*. A esta vicissitude nefanda dá-se o nome de *tibieza*.

A tibieza faz com que as pessoas se comportem como se Deus não existisse. O criador do mundo e dos homens é somente uma idéia vaga: "O espiritual pode ser verdade; na prática é apenas uma nebulosa (...)." (*F. Fernandez Carvajal*). Com efeito, se sairmos à rua, perguntando quem acredita em Deus, haverá poucos que nos confessem ser ateus ou agnósticos. Contudo, boa parte dos nossos contemporâneos, sobretudo os remediados das classes médias, os que fruem as comodidades de uma vida aburguesada, são *ateus práticos*, para empregar uma expressão cunhada por João Paulo II; gente que professa a fé em Deus, mas que não pauta suas atitudes pelos critérios sacados do evangelho ou pelos ensinamentos da Igreja católica. Em suma, vive-se com arrimo em valores *rasteiros*; os grandes ideais são olvidados e postos à margem: mortificação, sacrifício, oração, justiça, opção pelos pobres etc.

Sursum corda! Corações ao alto! Esta é exortação que ouvimos domingo na missa. É um convite para vencermos a tibieza. A tibieza não é uma doença que acomete apenas os cristãos *apáticos*; ela invade, também, a alma dos chamados *católicos praticantes*. Por isso, é importante envidarmos todos os esforços para debelar essa patologia da alma.

Segundo o ensinamento de *F. Fernandez Carvajal*, a tibieza vai-se construindo pouco a pouco no espírito do homem. Começa com as concessões que fazemos relativamente ao pecado venial. Pode ser definida como uma acídia ou preguiça para com as verdades sobrenaturais. Quem descuida da oração inevitavelmente cai nas garras da tibieza.

Um salutar remédio contra o torpor da tibieza é o sacramento da penitência. Necessitamos recorrer à confissão com freqüência, se quisermos manter o coração limpo. Outra benéfica medicina é a oração constante. Nós, leigos, se pudermos, quando possível, lucraremos muito com a recitação da liturgia das horas, como rezam os clérigos ao longo do dia. O pe. *Carvajal* frisa sobremodo a questão da continência dos sentidos, principalmente do olhar. O tempo todo somos bombardeados por vertiginosos influxos de erotismo e despudor, quer na mídia, quer nas vestes de mulheres que não preservam o pudor.

Leonardo Boff, na sua esplendorosa obra "A águia e a galinha", descortina o horizonte que o cristão é chamado (vocacionado) a contemplar. Contentar-se com pouco, por preguiça – às vezes, preguiça de pensar –, é um delito contra a natureza humana. O tíbio não enxerga as utopias; mira apenas o palpável e se entrega ao hedonismo. Se de verdade queremos um mundo melhor, é-nos imperioso e urgente pôr-nos constantemente de alerta contra a tibieza.

Solicitações

A sociedade atual está saturada de solicitações. Basta uma caminhada pela rua; deparam-se-nos um sem-número de *outdoors*, um turbilhão de movimentos, pessoas a palrar indiscriminadamente, doidivanas errantes, mulheres pouco cobertas, varões desabridos etc.

Como deve agir o cristão em face deste melodrama quotidiano? Deve responder às solicitações com *criatividade evangélica*. Não pode pura e simplesmente fazer cara feia e vomitar uma sinderese piegas! O comportamento correto é o diálogo. Tenta-se extrair coisas boas do que é aparentemente ruim. Por exemplo, um *outdoor* que incite à violência pode ser motivo de bate-papo contra a violência. Outro exemplo: alguém com a suscetibilidade à flor da pele vira facilmente um inimigo, se provocado, porém, se a energia for devidamente drenada pelo interlocutor cristão, a mesma pessoa cáustica pode transformar-se num amigo, num companheiro.

De quando em vez, afastemo-nos das solicitações. Como? Fazendo um retiro, saindo de férias, entrando em contato com a natureza e com um bom livro. Certamente, atividades deste tipo têm o condão de instilar bons fluidos na nossa mente. Ao retornarmos à liça diária, seremos indivíduos mais centrados no evangelho.

Um novo dia

Uma nova manhã se alevanta. Com ela, erguem-se projetos que a angústia homiziara. Ânimos são recobrados. Os fracos revestem-se de guapa galhardia. Uma nova manhã começa.

Hoje a chuva trouxe a manhã. Mas eu não tenho medo da chuva, nem mesmo creio que se possa chamar o dia de *feio* por causa da precipitação de água. Não. Tudo na natureza é belo. O dia é lindo sempre. Será feio se o fizermos feio. A fealdade do dia depende, pois, do nosso comportamento. Por exemplo, se a caminho do trabalho ou da escola, conversarmos com um pedinte na rua, então, o dia torna-se lindo e maravilhoso. Caso contrário, se taparmos os olhos, o dia poderá ser realmente feio.

A felicidade se encontra sempre no nosso íntimo. Ela está umbilicalmente ligada ao modo como procedemos diante dos irmãos. A única coisa que não podemos perder nesta vida são nossos princípios e valores morais. O resto não importa: bens, inteligência, amigos, prestígio etc.

Qual é o sentido deste novo dia? Mil oportunidades e perspectivas podem-se abrir. Aproveitemos todas as boas oportunidades.

A cidade dos paradoxos

Nosso amantíssimo município abriga gente do mundo inteiro. No torrão paulistano todos são bem acolhidos. São Paulo é uma cidade cosmopolita por excelência. Nela não vigora a xenofobia, como, desafortunadamente, sói ocorrer em outras plagas, indígenas e alienígenas.

Viver em São Paulo é um desafio constante. Aqui, urbe nervosa, os negócios são ultimados minuto a minuto. Nossa cidade não dorme. Ela é o terceiro maior orçamento do país. Nenhum estado brasileiro a supera na riqueza econômico-financeira, salvo o estado de São Paulo.

São Paulo é outrossim uma autêntica *metrópole*. Deveras, ela é o padrão para o Brasil. Ela dita os parâmetros de comportamento. Em suma, ela dá as regras do jogo; traça os rumos da nossa nação. Nesta cidade localizam-se os melhores centros educacionais e hospitais de primeira linha.

Assistir em São Paulo também é sofrimento. Cá existem pobres e ricos. Uma distância enorme segrega uns e outros. As favelas estão por toda parte. A taxa de desemprego é igualmente alta. Nas calçadas jazem irmãos esquecidos das autoridades e dos paulistanos em geral. Por este motivo, a Igreja, fiel à evangélica opção preferencial pelos pobres, não exclusiva nem excludente, vai ao encontro das pessoas desfavorecidas, olvidadas pelo sistema econômico opressor e deslembradas pelos próprios cristãos.

Ser católico em São Paulo é uma missão árdua. Porque, em que pesem à pujança e às virtudes acima descritas, nem todos os habitantes desta cidade gozam dos mais elementares direitos à vida digna. O católico coerente não pode fazer ouvidos moucos aos clamores dos excluídos. Antes, precisa estar atento para, na medida do possível, socorrer a todos.

A função da Igreja consiste na pregação do evangelho de nosso Senhor Jesus Cristo. Desta feita, faz-se mister investir bastante na assim-chamada *pastoral urbana*, a fim de levar esperança aos desanimados, com vistas na construção de uma sociedade fraterna e justa.

São Paulo decerto merece os nossos parabéns. Todavia, ela precisa representar para o Brasil um modelo de inclusão e de amor. As cinco dioceses localizadas neste município têm de se unir cada vez mais em prol dos esforços para humanizar nossa cidade.

A imprensa

Sem sombra de dúvida, a imprensa desempenha um papel crucial neste país. Quando as instituições, sobretudo o judiciário, são inoperantes, é a imprensa que desvenda casos escabrosos. Muita vez, os jornalistas elaboram verdadeiros inquéritos policiais; dando tudo de bandeja para o ministério público propor a ação judicial.

No âmbito institucional, podemos asseverar que a imprensa decerto representa um quarto poder: o poder do cidadão, principalmente do fragilizado, sem voz e nem vez, que assiste inerme ao desrespeito do seu direito. Ainda bem que temos uma boa imprensa no Brasil, pelo menos no que tange às investigações e denúncias de corrupção. Como se descobririam, por exemplo, as iniquidades perpetradas por juízes, vez que compete a eles punir a conduta dos criminosos, senão pela atuação da imprensa independente?

Os celerados deste país (e são tantos) temem mais a imprensa do que qualquer outra entidade. E é bom que seja assim. Oxalá nossa imprensa continue impávida na sua vocação cívica de ajudar a debelar a corrupção que vilipendia o erário e destrói a sociedade.

A imprensa católica também possui uma missão fundamental. Incumbe-lhe a tarefa de anunciar a boa notícia do evangelho de nosso Senhor Jesus Cristo. Mais. A imprensa católica abordará os acontecimentos sob a ótica do evangelho. É neste ponto decisivo que a aludida imprensa diferencia-se das demais, porquanto ela é portadora de valores sublimes que quer inculcar na sociedade. A imprensa católica não pode ser *imparcial*; porquanto ela tem de fazer a leitura dos fatos à luz da evangélica opção preferencial pelos pobres.

A imprensa católica será fiel à sua nobilíssima missão, à medida que denunciar a injustiça e comunicar os imperativos do evangelho. Ela jamais poderá vergar-se à pieguice, pois, a seu modo e destemida, ela tem de contribuir na implementação do reino de Deus.

A televisão

Na verdade, já tive a oportunidade de redigir vários artigos sobre esse meio de comunicação chamado *televisão*. Fi-lo sempre com espírito avassaladoramente crítico, porque, na minha opinião, não existe outra forma de encarar esta mídia.

Certa feita, escrevendo para um jornal, Antônio Ermírio de Morais afirmou que a televisão *emburrece* as pessoas. Portuguesmente falando, a televisão *emburra* as pessoas, porém, este lapso do milionário articulista não subtrai a verdade da asserção. Por que, afinal, a televisão emburra ou idiotiza o espectador? Cuido que isto ocorre por dois motivos: primeiro, em virtude de a televisão simplesmente lancetar o senso crítico. Ora, quem assiste à televisão não precisa pensar. Está tudo pronto. Em segundo lugar, o fenômeno de idiotização se verifica por força da superficialidade da programação. De fato, basta passar uma tarde diante do televisor, para constatar a tagarelice inoportuna e cabalmente alienante da televisão...

Estou convicto de que seja realmente necessário *desinventar* a televisão; faz-se mister encontrar outra alternativa mais plausível e mais humanizante. A televisão extrapolou seus fins. Agora ela é um agente que imobiliza as pessoas. De certa forma, a televisão impede o crescimento cultural e intelectual da população.

O principal antídoto à televisão é o livro. Desafortunadamente, nem todo mundo aprecia a leitura ou tem condições de praticar este autêntico exercício espiritual e cerebral. Desta feita, ao invés de televisão, as famílias deveriam entabular colóquios prazerosos à noite, voltar a jogar amistosamente em casa. Passear, caminhar é outra alternativa salutar. Sem sombra de dúvida, desligar o televisor é sobremaneira difícil, contudo, o resultado será maravilhoso.

Diz o ditado popular que o silêncio vale ouro. Ora pois. Tiremos o televisor da tomada, permitindo que o som do silêncio penetre no lar e, então, auscultaremos nosso interior, as coisas lindas que há nele, as riquezas verdadeiras que restavam homiziadas ao longo dos anos, porque o burburinho da televisão nos ensurdecia para a vida e para o mundo.

Coroas ou coroinhas?

Um importante antístite disse recentemente que os coroinhas são "fonte de vocação". Realmente, concordo com o conspícuo prelado em gênero, grau e número. Todavia, o ministério do acolitato (coroinhas) precisa receber maiores e melhores cuidados.

Há uns vinte anos, eram apenas os coroinhas que ajudavam o padre no altar. Não havia os "coroas", ou seja, os ministros extraordinários da comunhão. Permitam-me o emprego jocoso e carinhoso da expressão "coroas", que, na gíria, quer dizer "pessoa mais velha"; faço-o não por desdém dessa gente impoluta e laboriosa que se entrega ao apostolado, a quem rendo homenagens, mas somente para enfatizar uma antítese semântica e litúrgica, que restará esclarecida neste artigo. Não tenciono macular suscetibilidades. Desde já, peço desculpas pelo chiste.

Bem, voltando ao tema principal. Hoje em dia, os coroinhas são pouquíssimos. É raro encontrá-los em nossas celebrações. Quando os vemos, ocupam o mesmo espaço que os "coroas". Todos no presbitério: "coroas" e coroinhas. Aqui vem a minha sugestão. Por que não deixar só os coroinhas ao redor do presidente da celebração, sentados ao seu lado, auxiliando-o no altar? Os ministros extraordinários da comunhão permanecem na assembléia, o lugar social deles. Penso que esta disposição é bastante didática e litúrgica, porquanto na hora de ajudar a distribuir as hóstias consagradas – e somente nesta hora –, os ministros, ao saírem dos bancos, frisarão sobremaneira sua vocação de leigos, que vão ao encontro das necessidades da comunidade e, assim, exercem autenticamente o ministério extraordinário. Vejam, a própria palavra o explica: "extraordinário", isto é, fora da ordem, incomum. Os coroinhas, por seu turno, encarregam-se de todas as funções no altar, como era antigamente. Acolitam o celebrante em tudo que for necessário e litúrgico. Somente eles ficam no presbitério.

Creio que a experiência de ser coroinha é maravilhosa. Quantos padres não passaram pelo altar quando eram meninos. Mas, para que essa experiência seja realmente frutífera, suscitando vocações sacerdotais, é mister devolver o acolitato eucarístico-litúrgico aos coroinhas, outorgando-lhes a responsabilidade plena e exclusiva do manuseio de todos os instrumentos e funções coadjuvantes da mesa eucarística.

Espírito resoluto

Apetrechado para a liça, o intelectual cristão sabe combater o bom combate. Fá-lo não simplesmente com armas comuns, mas recorre à teologia e à filosofia. Enquanto a maioria dos pensadores estiola-se em área específica, o intelectual católico compreende a importância da cognição ancha, na medida em que essa cognição lhe faculta o acesso certo ao seu objetivo de estudo.

Tudo pode contribuir para que haja frutos no estudo; entrementes, tudo pode ser deletério ao sucesso nesta seara. Assim, é convinhável saber separar o joio do trigo. Portanto, em primeiro lugar, é mister confiar apenas nos clássicos. Quantas bobagens se lêem hoje em dia! Não existe tempo para elas, mesmo porque nossa passagem nesta vida é assaz curta. Decerto não disporemos de horas bastantes nem sequer para a leitura dos clássicos. Deitemos por terra o lixo e os repetidores, pois o papel tudo aceita.

Outro ponto importante para o espírito resoluto, ou seja, para o pensador cristão, que almeja haurir frutos do seu trabalho, superabundar o resultado, toca destarte às horas trabalhadas. Com efeito, não nos deixemos enganar: não é a quantidade que conta, mas a qualidade: *non multa, sed multum*! Muita vez, duas horas de estudo e pesquisa, se bem aplicadas, serão suficientes para a ereção de trabalho pomposo e rendoso.

Ainda é relevante destacar a mais precípua qualidade do espírito resoluto: ele não desiste nunca, persevera diuturnamente. Isto parece óbvio, todavia, de vez em quando, as dificuldades são imanes; a situação nos compele a arrepiar caminho. Se superarmos esta fase mefistofélica, é claro que atingiremos a vitória. É como aprender um idioma novo. No início, a coisa é difícil; temos de recorrer ao dicionário amiúde. Entretanto, com o passar do tempo, debelada a preguiça de abrir o léxico, percebemos que nosso vocabulário recrudesceu sobremaneira e, com ele, as possibilidades de expressão e de comércio com pessoas e culturas distintas.

Flagelados

Vergastados pela dor, os flagelados erram mundo afora. Cá no Brasil, máxime na região sul, são os nordestinos que migram à cata de dias melhores, mais dignos. Chegando às grandes cidades, essas pessoas são muita vez discriminadas; vítimas do racismo e do preconceito. Existe um setor da classe média que atribui toda sorte de males aos migrantes, sobretudo aos nordestinos.

O flagelo da fome é indubitavelmente o que horripila tremendamente. Ei-lo espalhado pelo planeta Terra. No Brasil também há famélicos. O governo federal deflagrou uma batalha inexorável contra a inanição. Infelizmente, as potências abastadas, como os Estados Unidos, nem sempre se preocupam com as potências pobres. Ocorre, isto sim, uma demagogia desenfreada. Deveras, a solução real do problema demandaria um câmbio copernicano na condução da política. Até mesmo uma mundividência lidimamente humanista teria de ser implantada. João Paulo II afirma que há ricos cada vez mais ricos, à custa de pobres cada vez mais pobres. As conclusões do papa são corolário de uma leitura vital do evangelho. Por outro lado, os conservadores que pululam no grêmio da Igreja defendem bravamente o depósito moral e deslembram, ardilosamente, o depósito social. Ambos depósitos ou repertórios doutrinários constituem parte integrante da santa revelação.

As catástrofes naturais suscitam a insurgência de bastantes flagelados. Nestes dias, surpreendeu-nos sobremaneira a destruição de parte da Ásia, com quase duzentos mil óbitos. No entanto, creio que causa espécie o mal perpetrado por mãos humanas, como os atentados de quaisquer naturezas e vieses políticos.

Assistir os flagelados constitui um dever do ser humano, independentemente da fundamentação religiosa que subjaz o ato de ajuda. É óbvio que o cristianismo concebe o socorro aos pobres e inermes como um comportamento tipicamente religioso (cf. Mt 25, 31-46). A religião não é um departamento ou setor da vida. De fato, a religião é uma realidade antropológico-divina que permeia a integralidade da existência da pessoa. Quem se deixa tanger pelos valores do evangelho passa a ser uma pessoa nova. A propósito, o próprio sacramento do batismo imprime caráter e forja uma alma nova, apta a dar glória a Deus em cada uma das atitudes.

À medida que persistirem os flagelos, nós outros portaremos uma nódoa na alma, porquanto a injustiça desferida ao próximo vulnera mais o fautor da injustiça do que propriamente a vítima. Que todos nós, individualmente e comunitariamente, assumamos a responsabilidade pelos irmãos flagelados!

O brasileiro e o português

Infelizmente, o brasileiro, de um modo geral, tem um entrave muito grande na boca: o português. Como é difícil encontrar pessoas que falam fluentemente a língua portuguesa aqui no Brasil! De quando em vez, assisto ao canal R.T.P., de Portugal. Quanta clareza e articulação elegante do nosso idioma!

O problema é realmente sério, porque esse embaraço todo permeia principalmente – pasmem!– a categoria dos jornalistas televisivos. Acompanhei cada segundo da estada do papa no Brasil. Pude, então, observar a dificuldade de jornalistas e comentadores, principalmente nas redes católicas. É incrível. Parece que o pensamento deles não flui... Essas pessoas, desafortunadamente, não dominam o instrumento lingüístico para a expressão oral.

Qual será a causa dessa tremenda inabilidade para exprimir-se correta e fluentemente? Em primeiro lugar, a responsabilidade é das próprias autoridades educacionais. Nas escolas deste torrão brasílico pulula um terrível menoscabo pela gramática. Ora, quem nunca estudou de modo acurado sintaxe, regência pronominal, objeto direto e quejandos não dispõe das condições mínimas nem para a escrita nem para a fala. A gramática constitui-se num mecanismo não somente apto para comunicar as idéias, mas também para produzi-las. Ao malferirmos a gramática, de certa forma, perdemos a capacidade de raciocinar de maneira escorreita e límpida.

As faculdades de jornalismo deveriam remendar esse engodo do ensino do português no Brasil, ministrando aulas da língua-pátria todo dia, com ênfase na oralidade. Mas, para levar a cabo este escopo, é mister haver professores competentes, o que é outrossim um gravíssimo problema nacional.

No caso particular dos jornalistas e comentaristas que cobriram a visita do papa pela televisão, percebi, ainda, por parte de alguns, uma certa ignorância da terminologia eclesiástica e teológica. Só para dar um exemplo: um comentarista chegou a afirmar que as monjas reclusas de Guaratinguetá vivem *fora da realidade*, quando, de fato, acho que o aludido comentarista quis dizer que as monjas não estão em contato direto com os acontecimentos exteriores ao mosteiro, o que é bem diferente.

Certamente, quando o português voltar a ser valorizado nas escolas e lecionado com o devido rigor gramatical, brasileiros falaremos tão bem quanto nossos irmãos lusitanos. Em Portugal, até as garotas aficionadas nas novelas brasileiras sabem asseverar: "os atores brasileiros? Amamo-los." Aqui diz-se "amamos eles". A palavra é um dom de Deus e diferencia o homem dos outros animais. Empenhemo-nos, pois, em aperfeiçoar o uso do português. Como canta o conhecido hino religioso: a palavra é a ponte por onde o amor vai e vem.

O Espírito Santo e a paz, segundo Jo 14: 15 e 16

> "Mas o Paráclito, o Espírito Santo,
> Que o Pai enviará em meu nome,
> vos ensinará tudo e vos recordará tudo o que vos disse."
>
> *(Jo 14, 26)*

A Igreja é constantemente assistida pelo Espírito Santo. Com efeito, ao longo da história, em meio às adversidades e variadas vicissitudes, a Igreja manteve-se fiel ao evangelho. É claro que houve erros e foram perpetrados autênticos crimes. Por causa destes pecados, restou tisnada a imagem da barca de Pedro. O papa João Paulo II, em nome de todos os católicos, pediu perdão à humanidade.

"Deixo-vos a paz, minha paz vos dou; não vo-la dou como o mundo a dá." (Jo 14, 27). Quando pedimos que Deus nos conceda a paz, pensamos em uma vida plena de tranqüilidade, sem problemas de quaisquer tipos: a paz com os vizinhos, a paz com o patrão, a paz do bom emprego, a paz que nos oferece uma boa alimentação e a guarida de uma casa aprazível. Todavia, os apóstolos não conheceram esta espécie de paz. Pelo contrário, encetada a missão, sofreram agruras e perseguições. Invariavelmente todos eles passaram pelo martírio. De que paz, então, falava Jesus? "Não vo-la dou como o mundo a dá." (Jo 14, 27b). Sim, porque a paz do mundo é o poder consumir (consumo, logo existo), é a saúde do corpo, a longevidade para o prazer, é o sexo, é o *shopping center*, é, em suma, a felicidade dos sentidos. De outra banda, a paz que Jesus prometeu aos apóstolos, seus contemporâneos, prometida outrossim a nós outros, seguidores do Ressuscitado, é a paz de quem realiza a vocação humana. De fato, intuiu brilhantemente santo Agostinho: "Fizeste-nos para ti, Senhor; e nosso coração estará inquieto, enquanto não repousar em ti." ("Confissões"). A alegria genuína só se obtém mediante o seguimento da cruz. Não há outro caminho para a paz. O resto são alienações. Se, por exemplo, trocássemos o burburinho e as luzes do *shopping center* pelo silêncio do claustro de nosso quarto, verificaríamos quão árido está nosso coração. No fundo, não desejamos encarar esta realidade tão atroz. Fugimos de nós mesmos e nos afastamos da paz de Cristo.

Jesus é a videira. Ele próprio no-lo diz: "Eu sou a verdadeira videira e meu Pai é o agricultor." (Jo 15, 1). Deveras, somente em Cristo haurimos os bens úteis e absolutamente necessários para nosso itinerário de viandantes rumo à casa do Pai. Somos peregrinos. Alguém já disse certa vez: esta vida é uma ponte; não faça uma morada sobre ela. Desta videira inesgotável extraímos tudo que precisamos para uma vida cheia de sentido. O sentido último da vida é o serviço ao próximo, mormente ao pobre, preferido do Jesus histórico. "Aquele que permanece em mim e eu nele produz muito fruto." (Jo 15, 5b). E o que é produzir fruto senão se empenhar pela paz e pela edificação de uma sociedade justa e solidária, na qual exista vida abundante para todos? (Jo 10,10). Os frutos destinam-se mais para os outros do que para nós mesmos. A paz cristã, fonte de inexaurível alegria, consiste no corolário do serviço. Como diz o ditado popular: quem não vive para servir não serve para viver. A conseqüência de uma vida despojada e posta a serviço é a paz inquebrantável. De fato, sabemos que os mártires dos albores do cristianismo, cantando, aproximavam-se de seus algozes impiedosos. Não perderam a paz. A propósito, tinham-na como um dom irrevogável.

"Quando vier o Espírito da Verdade, ele vos conduzirá à verdade plena." (Jo 16, 13a). Vem Espírito Santo, vem! Esta é nossa impetração ininterrupta. Entretanto, o Espírito não se compraz com a tibieza dos que se curvam diante dos ditames do capitalismo neoliberal. O Espírito, como bem explicou o Pe. José Arnaldo, traduz-se em *movimento*. Como está expresso no versículo-intróito desta reflexão, apenas a memória dos acontecimentos histórico-salvíficos do evangelho nos reconduzirá ao discipulado e nos transformará em protagonistas da paz de Cristo.

O papa e o anticristo

Para Bento XVI, que aprecia muito o conto "O anticristo", do russo *Vladimir Soloviev*, o diabo ou o anticristo, contemporaneamente, não se manifesta exibindo um acirrado e descarado antagonismo aos valores evangélicos. Muito pelo contrário, hodiernamente, o anticristo parece estimular as atitudes ecológicas, a chamada justiça social ou mesmo um novo humanismo, contanto que o único absoluto, Jesus, seja preterido em favor das ideologias.

No fundo, o diabo de *Soloviev*, malgrado travestido de politicamente correto, pretende derribar os alicerces do verdadeiro humanismo, inculcando nos homens coetâneos a falácia de teorias ocas e sensaboronas. Segundo o especioso humanismo perfilhado pelas forças do mal, a justiça simplesmente dispensa a caridade. A respeito deste sofisma, Bento XVI não tem papas na língua; afirma o santo padre: "(...) que a justiça possa tornar supérflua a caridade é uma ilusão de Satanás (...)." ("Dogma e Anúncio", Loyola, p. 169).

Ora, a justiça é um fruto da caridade. A justiça estatui que este bem é meu e aqueloutro é seu; a caridade, por seu turno, maximamente nobre e superior à virtude da justiça, reza que este bem é meu, mas também é seu, vale dizer, é nosso, está à disposição da comunidade. Pois não é histórico e verídico que os primeiros cristãos tinham tudo em comum, conforme no-lo revela o livro bíblico Atos dos Apóstolos? (At 2, 44). Por quê? Porque viviam sob o influxo da caridade e não debaixo da égide do mefistofélico neoliberalismo, que engendra a chamada *cultura da morte*, mas fantasia-se de bonzinho.

O cristão precisa estar atento. É imperiosa e urgente a tarefa de saber discernir. O mal, ou o anticristo, tem de ser denunciado. O evangelho deve ser anunciado. Muita vez, todavia, o pecado se esconde atrás de um *cristianismo de resultados*. O nosso modelo e critério permanente é o homem Jesus de Nazaré.

O sacramento da penitência

Os pecados que cometemos após o batismo são ordinariamente perdoados pelo sacramento da penitência. Com efeito, todos os sacramentos foram instituídos por Jesus. Alguns não foram diretamente promulgados por nosso Senhor, como ocorreu com o sacramento da unção dos enfermos ou com a crisma, porém estavam no anelo do Salvador. Assim, efetuamos a distinção entre *instituição* e *promulgação*. O sacramento sobre o qual discorreremos laconicamente foi *instituído* e *promulgado* por Jesus: "Os pecados que vós perdoardes serão por mim perdoados."

O ajutório do sacramento da penitência é simplesmente incomensurável. Já houve psiquiatras que afirmaram o valor terapêutico do aludido sacramento. Se existisse um maior número de católicos a freqüentar a confissão, decerto ocorreriam menos casos de patologia psíquica. Todavia, a força do sacramento da penitência é de ordem sobrenatural. Arrimados no sacramento em exame, estaremos aptos a continuar a caminhada, muita vez íngreme e difícil. Referi alhures a famigerada frase de Dom Helder Câmara, que retomo neste comenos: santo é quem cai mil vezes e se levanta o mesmo tanto. Ora, no momento de se levantar, ou melhor, para que seja realmente possível praticar o ato de se levantar, a pessoa humana depende do sacramento da penitência. Tão-somente com a absolvição, dada pelo sacerdote, em nome de Cristo, torna-se possível o recomeço. Se contarmos com nossas próprias forças, com certeza fracassaremos sob o jugo da languidez de homens limitados.

Segundo o preceito eclesial-canônico, temos a obrigação de confessar pelo menos uma vez ao ano. Na verdade, isto é muito pouco. Lembremo-nos do saudoso e pranteado papa João Paulo II. Ele se confessava mensalmente. É-nos imperioso declinar tão-somente os pecados mortais. Contudo, nada obsta a que nos aproximemos amiúde do sacramento da penitência e também exponhamos as faltas veniais, porque, consoante o escólio do bispo de Hipona, santo Agostinho, "um montão de pecados veniais podem levar à prática do pecado mortal". Portanto, o ideal é que não descuremos dos pecados veniais e saibamos comunicá-los ao confessor, sem respeito humano.

Um ponto bastante relevante que há de ser observado em qualquer boa confissão tange à obrigação de realizarmos um acurado exame de consciência. Nesta auto-reflexão, não nos estiolemos nas *ações*, vale dizer, nos comportamentos, nos pecados que cometemos: roubar, fornicar, matar etc. Precisamos de nos acusar igualmente pelo que *não fizemos* (omissões). Aliás, um antigo professor meu afirmou, certa feita, que este é o "vestibular do céu". Neste diapasão, é ao lume do Evangelho de são Mateus que empreenderemos nosso exame de consciência: "Estive nu e não me vestiste, estive na prisão e não me visitaste, estive no hospital e não me visitaste...". Não nos esqueçamos de que, na maior parte das vezes, pecamos por *omissão*, ou seja, pelo que *não fizemos*, mas que deveríamos fazer. Peca-se mortalmente também por omissão. Por este motivo, questionemo-nos acerca da nossa disponibilidade em socorrer o próximo necessitado, máxime o pobre, se, exemplificando, votamos conscientemente ou apenas malbaratamos o direito de tomar parte ativa nos destinos da sociedade. Estes e tantos outros questionamentos devem ser argüidos.

Um antigo bispo de São Paulo costuma afirmar que quem não reza vira bicho. *Mutatis mutandis*, com respaldo no ensinamento deste pastor, asseveramos que o católico que não se confessa outrossim devém mefistofélica caricatura de cristão.

Os crimes culposos

Um assaltante aborda um cidadão, ameaça-o de morte e termina por matá-lo, após resistência. Cuida-se de um homicídio doloso (latrocínio), em que houve intenção clara de pôr fim à vida de um ser humano. Reflitamos, agora, sobre esta outra situação: um motorista, conduzindo seu carro em alta velocidade, à noite, sem nenhuma sinalização, numa curva, invade o acostamento de uma estrada de mão dupla, e provoca o óbito de uma família inteira (sete pessoas). Neste caso verídico, a lei diz que o crime é culposo, porque o agente (o motorista) não desejou produzir o resultado morte das vítimas.

Os crimes culposos são punidos com sanções muito leves. Os dolosos, por seu turno, recebem penas pesadíssimas. Entretanto, os praticantes dos chamados crimes culposos agem imbuídos de um profundo desprezo para com a incolumidade dos seus semelhantes. As atitudes dos que perpetram tais delitos revelam uma falta de responsabilidade, arrogância e ingente descaridade. Essa sorte de infração penal ocorre principalmente no trânsito. São os motoristas que trafegam em velocidade elevada, cruzam o sinal vermelho, não param diante da faixa de segurança, costuram entre os carros etc.

Estou convencido de que não há tanta diferença entre quem tira a vida humana com o disparo de um revólver e quem extermina uma família inteira, porque, simplesmente, um egoísmo macabro e inescusável faz pensar somente no deleite da velocidade.

Nossa legislação tem de mudar, a fim de infligir punições mais rigorosas aos que cometem os crimes culposos. Nos Estados Unidos, por exemplo, o mero portar uma carteira de motorista vencida pode ensejar o aprisionamento por dois anos. Aqui no Brasil, vige a total impunidade para os que se comportam com virulência e descaso, como se fossem donos do mundo e, *culposamente*, matam as pessoas de bem.

Há um imperativo de ordem moral relativamente à observância das normas de convívio societário. Deste assunto tratou o Concílio Vaticano II, reportando-se às pessoas que descumprem as leis de trânsito: "Têm outros em pouca conta algumas normas da vida social, como, por exemplo, (...) as estabelecidas para regular o trânsito de veículos, não advertindo que por esta falta de cuidado colocam em perigo a própria vida e a dos outros." (*Gaudium et Spes*, n. 30).

Os discípulos de Jesus são chamados a gerar situações de vida (Jo 10,10). Quem, por exemplo, vai à missa todo domingo, mas conduz seu automóvel irresponsavelmente, não há de ser considerado um bom cristão, porque pode estar aviltando o quinto mandamento do decálogo (Não matarás.). Antes, a aludida pessoa tem de procurar o sacramento da penitência e passar a se comportar de forma condigna com os valores e princípios evangélicos.

Os leigos

Os leigos constituem a maioria dos membros da Igreja. Em português, além de "leigo", podemos empregar, no mesmo sentido, a palavra "laico". São vocábulos sinônimos. Infelizmente, usamos somente "leigo". Todavia, poderíamos dizer com correção: "Alguns 'laicos' da diocese vão participar de um retiro." (aproximando-nos dos irmãos que falam espanhol). Assim, percebemos que "laico" não é só adjetivo, mas é igualmente substantivo. Adjetivo de "leigo" pode ser também "leigal": "A vocação 'leigal' é ser fermento no mundo." Entretanto, ninguém utiliza esta palavra. O mesmo se diga a propósito do verbo "leigar" (tornar-se leigo). Poderíamos, ainda, falar de "secular" etc. Paremos por aqui. Deveras, a análise etimológica é muito importante, porque vai à alma dos vocábulos e amiúde nos revela grandes segredos.

Na sociedade em geral, o termo "leigo" ganhou uma conotação negativa. Diz-se geralmente: "Fulano é 'leigo' em determinada matéria", isto é, não conhece bem o assunto. Tecnicamente falando, leigo é o católico comum, com exceção dos homens ordenados. Por que essa evolução semântica depreciativa? Em certa medida, o motivo reside na maneira como os leigos eram encarados antes do Concílio Vaticano II. Frisava-se muito a diferença entre Igreja docente e Igreja discente. Aquela, composta pelos membros da hierarquia, que ensinavam; esta, feita da imensa maioria do povo, que deveria apenas ouvir e aprender. A referida condição eclesial acabou sendo captada pela sociedade e a palavra "leigo" perdeu sua acepção escorreita, original e técnica.

A constituição dogmática *Lumen Gentium*, do Concílio Vaticano II, pela primeira vez, cunhou uma definição positiva de leigo, pois, até então, leigo era definido sempre do ângulo negativo: "Leigo é o membro 'não' ordenado" (que não recebeu o sacramento da ordem). Afirma, agora, o Concílio: "Pelo nome de leigos aqui são compreendidos 'todos os cristãos', exceto os membros de ordem sacra e do estado religioso (...)." (*Lumen Gentium*, n. 31).

Qual é o papel do laico na sociedade atual? Mais uma vez, a etimologia nos socorre, porquanto ambos os nomes, leigo e laico, vêm do grego *laycós*, que quer dizer "estar ou ser do mundo". Desta feita, cabe ao laico impregnar o mundo, o dia-a-dia e outrossim a realidade política e econômica, com os valores hauridos do evangelho. Com efeito, reza o cânon 225, parágrafo 2: " Têm também (os fiéis leigos) o dever especial, cada um segundo a própria condição, de animar e aperfeiçoar com o espírito evangélico a ordem das realidades temporais, e assim dar testemunho de Cristo, especialmente na gestão dessas realidades e no exercício das atividades seculares."

Precisamos ter em mente que os leigos são parte integrante da Igreja fundada por Jesus Cristo e nela ingressam pelo sacramento do batismo. Desafortunadamente, a imprensa, quando se refere à Igreja, tem em vista apenas os clérigos (diáconos, padres e bispos). É mister que o leigo resgate e cumpra a missão que o Concílio lhe confiou de autêntico protagonista da evangelização.

Raciocinar com rigor

À primeira vista, parece extremamente fácil a tarefa de raciocinar com rigor. Afinal de contas, pensar ou cogitar é uma aptidão inata do ser humano. Contudo, na prática, a situação é um pouco diferente. Pensar rigorosamente exige uma técnica. O primeiro ponto necessário a ser observado é distinguir as verdades das falácias. Nos dias de hoje, infelizmente, propagam-se bastantes meias-verdades ou falácias. Querem-nos fazer crer que um determinado produto é muito bom e resolverá uma porção de problemas. Impõem-nos uma mundividência ocidental imperialista como o único caminho. Derribam os valores para apregoarem normalidade e liberdade de costumes. Haveria tantos exemplos.

O pensador rigoroso tem de aplicar uma técnica assaz interessante. Em primeiro lugar, quando alguém vem despejar-lhe um turbilhão de assertivas e, muita vez, filosofia de botequim, é imperioso elaborar uma pergunta simples: por quê? Sim, por que você pensa assim? Por que está anacrônico o costume de ser fiel no casamento etc.? Agindo assim, a pessoa que se propõe a pensar com rigor porá o interlocutor, no mínimo, em situação embaraçosa, já que, na maior parte das vezes, a pergunta restará não respondida, pois a asserção de sabor tão pontifical fora proferida meramente da boca para fora, por um papagaio, que não consegue fundamentar suas palavras. A celeuma pára por aqui. Outro efeito muito salutar desse singelo *por quê?* consiste no fato de que o pensador rigoroso não despenderá energias no intuito de provar o descalabro da falácia. O sofista que deverá apresentar razões para sua tese esdrúxula! Este procedimento também ajuda aquele que se dá ares de sabichoso, porquanto fá-lo-á refletir mais acerca do que diz.

Pensar corretamente exige que nos abasteçamos de informações. Mais: é mister sermos *formados*, antes de *informados*. Explico-me. A reles retenção da informação não leva a lugar nenhum. O relevante na história é estarmos cônscios de que somos capazes de utilizar a informação para nosso bem e para o bem da comunidade em geral. Isto é ser formado. Não no sentido pejorativo, vale dizer, jungir-se a paradigmas e parâmetros preconcebidos (*forma*), mas como homens capacitados para decidir, usar de discernimento e escolher sempre os melhores caminhos, na medida do possível. Desta feita, se não formos pessoas lidas, lançadas à leitura de obras de fôlego, dificilmente vamos pensar com correção. Seremos presas fáceis. Vão-nos ludibriar a torto e a direito. Os que engendram raciocínios pouco elaborados, porém quase sempre eloqüentes, não encontrarão opositores à altura.

À medida que nos esforçarmos para pensar com mais rigor, transformaremos nosso dia-a-dia. Nossa vida terá mais sabor. Seremos pessoas com alto grau de consciência. Um exemplo do quotidiano: quem pensa com rigor logrará compreender os *motoboys*, cujo comportamento é tantas vezes perigoso e arrogante. Verá que estes jovens pertencem a uma classe pobre, que estão à procura de um lugar ao sol (todos têm esse direito!), que lutam e exigem um espaço na sociedade, traduzido pelo diminuto corredor entre os carros. Pensar de forma certa o problema dos *motoboys* é não ter dúvidas de que é um subemprego. E por aí vai. Neste novel modo de encarar a vida, perscrutando-a e não simplesmente lobrigando os acontecimentos com análises tendenciosas, majoráramos consideravelmente nossa qualidade de vida. Com efeito, verificaremos que somos pessoas úteis e nos colocaremos a serviço dos outros.

Ser santo

De um modo geral, as pessoas têm uma falsa idéia de santidade. Acreditam que ser santo é concordar com tudo, estar sempre sorridente, comportar-se com uma afabilidade que chega às raias da maricagem.

O santo, como disse Dom Helder Câmara, é aquele que cai mil vezes e se levanta o mesmo tanto. Assim sendo, o santo está consciente das suas limitações. É, em outras palavras, uma pessoa comum. A propósito, Jesus nos concita a todos a que sejamos santos. Portanto, a santidade não é um privilégio de uns poucos capacitados, mas a obrigação dos cristãos em geral. Voltando à definição do grande antístite de Olinda e Recife, profeta deste torrão, o santo também comete muitos erros, tem tentações, incluindo as de natureza sexual, decorrentes do ambiente erotizado no qual vivemos. O santo não tomou um antídoto contra essas coisas. Todavia, ele luta dia e noite, porque, na esteira do salmo 1, ele medita a palavra de Deus dia e noite. Desta feita, podemos dizer que a grande arma do santo é a oração. Não se trata, porém, de experimentar uma espiritualidade alienada, de sensações mirabolantes, como soem proceder os membros de certas associações neopentecostais católicas ou acatólicas. Dom Helder é um modelo de santidade. Era um homem que rezava muito; consumia horas a fio em orações, junto ao sacrário. Sem embargo, não fugia da liça quotidiana, não traía o princípio evangélico da opção preferencial pelos pobres. A espiritualidade dele não se jungia a alguns momentos de oração, a práticas devocionais. Deveras, Dom Helder lograva conjugar a oração com a ação. Isto é ser santo.

Há muitos exemplos de mulheres e homens santos. Gente que está do nosso lado e, muita vez, nem sequer percebemos. Não é santa tão-somente a pessoa que cumpre seus deveres religiosamente, que não faz mal a ninguém. Agindo desta forma, chega-se a ser um bom filantropo, porém, ainda, distante da santidade cristã. Uma característica essencial do santo é que ele se põe sempre a serviço. Portanto, a palavra-chave para reconhecermos o santo é esta: serviço. Sabemos que estamos diante de um santo, quando o vimos servir os irmãos, sobretudo os pobres, é claro. Trata-se de uma pessoa cuja vida inteira é permeada pela dimensão do serviço. Não é o serviço esporádico ou benemérito; é um jeito de ser caracterizado pelo serviço, pela doação.

Muitas pessoas se comprazem em dizer que são boas, porque não fazem mal a ninguém. Ora, ledo engano! Quem age assim ainda não é bom, é mau. O critério de bondade ou santidade está declinado por Jesus: "(...) estive com sede e me deste de beber, com fome e me deste de comer, estava nu e me vestiste, na prisão ou no hospital e me visitaste (...)." (Mt 25, 31-46). É comum, pois, encontrarmos os santos nas prisões e nos hospitais, confortando os irmãos. É mais difícil vê-los nas igrejas. Esta passagem do evangelho é o "vestibular do céu", como dizia um professor amigo.

Os santos canonizados constituem apenas o rol de pessoas, homens e mulheres, leigos e clérigos, cuja vida deve ser imitada. Não significa que haja apenas estes santos no céu. Na verdade, há-os aos bilhões. São gerações e gerações de seres humanos que faleceram na graça de Deus. Os santos estão no céu e estão igualmente na Terra. A trajetória da santidade começa aqui e agora. Ser santo é, em suma, realizar-se plenamente como ser humano. Ao atingir a santidade, capta-se a essência da vida humana e do destino dela, como expressou bem santo Agostinho: "Fizeste-nos para nós, Senhor, e nossa alma estará inquieta enquanto não repousar em ti."

Trabalho aos domingos

De uns tempos para cá, é comum a abertura do comércio aos domingos nas grandes cidades do país. Na verdade, cada município legisla sobre este tema, podendo ou não autorizar o funcionamento das lojas.

Em Belo Horizonte, por exemplo, boa parte do comércio abre aos domingos. Este procedimento já vem sendo observado há alguns anos ininterruptamente. Principalmente os *shopping centers* ficam abarrotados nesses dias. A coisa piora quando se está próximo de uma data comemorativa, como Natal, dia das mães, dia dos pais, dia dos namorados etc.

O papa João Paulo II, e agora seu sucessor, Bento XVI, alertaram os católicos a propósito da necessidade de guardar o domingo. Na memorável encíclica *Dies Domini*, João Paulo II afirma que o domingo (palavra que quer dizer "dia do Senhor") deve ser dedicado ao culto a Deus, mediante a participação na missa e também atividades caritativas, como, por exemplo, visitar um doente, uma família necessitada. Além disso, explica o sumo pontífice, o domingo tem de ser reservado ao legítimo repouso e recuperação das forças vitais. A doutrina de João Paulo II decerto se baseia no terceiro mandamento do decálogo: guardar domingos e festas. Bento XVI ratificou este ensinamento, enfocando rapidamente o problema na exortação apostólica *Sacramentum Caritatis*, na qual assevera a urgência de se resgatar o verdadeiro sentido do domingo para o cristão-católico.

O argumento de que o desemprego exige o trabalho aos domingos é deveras falacioso. Não creio que haja mais postos de trabalho em razão dessa conduta. São os mesmos empregados da semana que se revezam aos domingos.

Gostaria, pois, de lançar aqui um apelo aos bispos diocesanos, para que interviessem junto aos prefeitos municipais, porquanto a guarda do domingo, que consiste principalmente em não trabalhar nesse dia, é um dever de direito divino, e não humano-eclesiástico. "É particularmente urgente no nosso tempo lembrar que o dia do Senhor é também o dia de repouso do trabalho", ensina o papa Bento XVI (*Sacramentum Caritatis*, n. 74).

O domingo é o primeiro dia da semana. Viver intensa e cristãmente o preceito dominical é encarar o resto da semana "segundo o domingo", para usar uma expressão de santo Inácio de Antioquia (*iuxta dominicam viventes*), ou seja, os outros dias não serão mais fardo pesado, fastio, mas se transformarão em dádivas divinas, incentivo para a prática do evangelho e nosso coração estará preenchido de alegria imensa.

25 anos do código canônico

O *Codex Iuris Canonici*, ou código canônico, completou em 2008 vinte e cinco anos. Sua promulgação se deu em 25 de janeiro de 1983, no pontificado do saudoso papa João Paulo II.

O que vem a ser este código? Trata-se do conjunto das leis mais importantes da Igreja. O objetivo do código canônico ficou consignado nas palavras de João Paulo II, na constituição apostólica *Sacrae Disciplinae Leges*: "(...) Sua finalidade [do código] é, antes, criar na sociedade eclesial uma ordem que, dando a primazia ao amor, à graça e aos carismas, facilite ao mesmo tempo seu desenvolvimento orgânico na vida, seja da sociedade eclesial, seja de cada um dos seus membros." Portanto, o código não é um obstáculo à atuação da graça; o desígnio dele é criar caminhos para a prática do amor evangélico.

Não há sociedade sem lei. Já diziam os latinos: *ubi societas, ibi ius* (onde há comunidade, também há o direito). Sem a lei, infelizmente, instaura-se o caos. Observe a confusão que ocorre no momento em que a lei de trânsito de automóveis deixa de atuar, com a quebra acidental de um semáforo. É cada um por si. Infelizmente, o egoísmo prepondera sobre o amor.

A Igreja, santa e pecadora, também necessita de regras jurídicas. Todos os membros dela, bispos, padres, diáconos e leigos, têm de respeitar as leis canônicas. O código evita o despotismo do mais forte sobre o mais fragilizado, porque iguala a todos, na perspectiva do sacramento do batismo (cânon 96).

No código anterior, de 1917, havia apenas um cânon sobre o leigo, isto é, o católico comum. O atual, na esteira do Concílio Vaticano II, resgatou a dignidade laical. Mais. O leigo passou a ter voz e vez. Na regulação do código canônico vigente, o leigo tem o direito de manifestar a vontade, de assumir cargos eclesiásticos e de propor metas de evangelização (cânones 224 e seguintes).

O código canônico é outrossim indispensável para a implementação do Concílio Vaticano II. Sem as leis eclesiásticas, veiculadas no código, o concílio ficaria apenas no papel. Por este motivo, ao convocar o concílio, o papa João XXIII designou um grupo de juristas para a confecção do código.

Um capítulo assaz relevante do atual código diz respeito às causas de nulidade de casamento. Com efeito, facilitou-se o acesso aos tribunais eclesiásticos e abreviou-se o prazo de duração de um processo canônico.

Deve-se frisar, ainda, a influência do direito canônico nos ordenamentos jurídicos estatais modernos. Institutos como a conciliação provieram do direito da Igreja. Também a figura do advogado e o processo escrito são criações do direito canônico.

O código canônico está redigido em latim. Ora, sabemos que o latim é uma língua de enormes qualidades, principalmente no que toca à concisão. Todavia, é princípio comum do direito que a lei seja compreendida pela integralidade das pessoas para as quais ela se dirige. A língua de Cícero, hodiernamente, é conhecida apenas por um pequeno número de canonistas. Desta feita, defendo a tese de que, num futuro não muito distante, o código seja vazado em inglês ou espanhol, que são idiomas universais. Assim, um japonês de Tóquio, que pertence ao rito latino, tanto quanto os brasileiros ou os alemães, terá acesso ao teor da lei, porque um pouco de inglês todo mundo sabe.

O código não é estático. A maioria dos cânones pode ser reformulada ou receber complementação. Deveras, o direito tem de acompanhar a evolução da comunidade eclesial. Mas cumpre-lhe igualmente o papel de sedimentar valores. Toda norma canônica deve ser aplicada à luz de um princípio fundamental: *salus animarum suprema lex est* (a salvação das almas é a suprema lei) (cânon 1752). Podemos afirmar que o código atual é um dos instrumentos em favor da edificação do reino de Deus, consubstanciado numa sociedade justa e fraterna.

A Páscoa e o ovo

Na Páscoa de 2008, fiz uma experiência interessante. Passo a relatá-la agora. Propus a uns amigos o seguinte teste: dar-lhes-ia uma palavra, "Páscoa", e eles responderiam com o primeiro pensamento que lhes ocorresse à mente. A maioria disse "ovo". Gostaria de fazer alguns comentários a respeito dessa inextricável relação Páscoa – ovo.

O ovo é, aparentemente, um ser inanimado. Todavia, se chocado, com o passar do tempo, de dentro dele sai um exuberante pintinho. O túmulo onde jazia o corpo de Jesus Cristo também aparentava a petrificação, mas Jesus ressuscitou e rompeu as barreiras da sepultura. Surge redivivo da casca do jazigo.

A Páscoa é a festa central da religião cristã. Muitos crêem que o Natal seja a solenidade principal dos cristãos. Enganam-se. A Páscoa ou ressurreição de Jesus é o acontecimento-chave da participação de Deus na história.

A boa notícia pascal é que, se Jesus, verdadeiro homem, ressuscitou, venceu a morte, nós, igualmente, seus discípulos, ressuscitaremos e viveremos para sempre felizes no céu. Não há, pois, motivo para desolação, nem para tristeza.

As alegrias da ressurreição começam aqui neste mundo. À medida que construímos uma nova sociedade, consubstanciada na justiça social, preparamos o advento da Páscoa definitiva.

A conversão é uma meta. Com efeito, ao largo da quaresma, nós oramos, jejuamos e damos esmolas, com vistas na grande festa da Páscoa. A eucaristia é deveras o ápice e o centro da vida do seguidor de Jesus. Alimentados pelo pão eucarístico, sentimo-nos fortalecidos para defender os inermes e auxiliar os pobres que precisam de apoio. Nessa caminhada, não pode faltar o santo remédio do sacramento da penitência, porquanto somos fracos e, até a ressurreição, cairemos e levantaremos mil vezes, para usar uma frase cunhada pelo grande profeta dom Helder Câmara, quando definiu a pessoa santa.

Oxalá soubéssemos empregar eloqüentemente os símbolos da Páscoa, como o ovo. O dia-a-dia ganharia mais sentido; não nos tornaríamos presas fáceis do consumismo. Que nesta Páscoa de 2008 se instaure o reino de Deus entre nós. Que a alegria tome conta de cada lar, principalmente das casas dos pobres. Que a virtude teologal da esperança frutifique na alma de todos os leitores deste jornal. Amém.

Feliz Páscoa!

A teologia do direito

Se é possível uma abordagem filosófica do ordenamento jurídico, outrossim é factível uma análise teológica desse mesmo ordenamento. Na perspectiva filosófica, examinam-se vários temas à luz da pura racionalidade (filosofia do direito). Já no âmbito teológico, o exame conta com o lume da fé. Ora, se Deus dispõe de todas as coisas, efetivamente o direito não está de fora. Assim, pode-se compreender a lei na esteira do pensamento teológico. É o que pretendo fazer neste artigo.

O objeto da teologia é Deus. A propósito, a palavra *teologia* significa *estudo* ou *discurso sobre Deus*. Depara-se instantaneamente uma limitação semântica seriíssima: como posso articular o infinito (Deus) em palavras finitas (a teologia)? De qualquer forma, basta que saibamos que Deus se revelou para os homens, isto é, se *autocomunicou* (*Karl Hanner*). Esta *autocomunicação* teve seu cume na encarnação do próprio Deus: Jesus Cristo.

O direito visa a salvaguardar bens materiais e espirituais. O bem mais importante custodiado pelo direito é decerto a vida humana. Desta feita, os filósofos do direito refletem acerca dos valores e elaboram uma verdadeira *axiologia jurídica*. *André Franco Montoro*, estadista e um dos maiores jurisperitos do Brasil, frisava o aspecto *axiológico* do direito: *direito-valor*.

A *teologia do direito*, por seu turno, tange tanto às leis quanto à ciência jurídica. Por ora, gostaria de enfatizar a visão teológica do direito-ciência (*Montoro*). Qual é a contribuição específica da teologia do direito? Ora, o fim do direito é o bem comum dos homens. No entanto, a plena realização humana não está circunscrita à observância rigorosa da lei (*legalismo farisaico*). O homem realiza-se sobretudo na prática do amor e na adoração de Deus: "Fizeste-nos para nós, Senhor, e nosso coração estará inquieto enquanto não repousar em ti." ("Confissões", I, 1, santo Agostinho). *Hans Kelsen* alvitrou uma *norma hipotética* que, no mundo positivista, avalizasse a constituição: *cumpre a constituição!*, escreveu o estudioso alemão. A legislação infraconstitucional só é válida se não atritar com a constituição (*lex legum*). Mas a pergunta é imperiosa: existe algum poder acima do *poder constituinte*? Infelizmente, *Kelsen* não quis dar o braço a torcer; jamais afirmaria que o comando *cumpre a constituição!* parte de Deus.

A teologia do direito munirá o cientista jurídico de um ferramental todo peculiar, mediante o qual a fé religiosa iluminará as lucubrações jurídicas. Rompe-se, assim, com uma antropologia tacanha, que não enxerga a dimensão sobrenatural do ser humano. À medida que o jurista aceite o aforismo teológico segundo o qual a lei humana positiva justa não é revogada por Deus, mas confirmada por ele (cf. Mt 5,17), a situação muda completamente de figura. O direito-ciência passa a contemplar o homem sob o pálio de uma antropologia mais ampla, mais consentânea com a dignidade humana.

O ingente mister de estudar o direito à luz da teologia compete prioritariamente aos cientistas crentes, que perfazem a maioria dos expertos. Em suma, vê-se meridianamente que o positivismo jurídico malogrou, como ruíram todas as ideologias positivistas, nas mais variadas áreas do conhecimento. Destarte, há de se resgatar um saudável jusnaturalismo, a fim de que o jurista se debruce sobre as leis aplicadas ao homem real e não ao homem limitado, biológico e sem alma, imaginado pelos positivistas que, ao engendrarem a odiosa dicotomia entre *justiça* e *lei*, suscitaram a prevalência de uma ciência jurídica extremamente técnica, que se ocupa de formar operadores do direito com características burocráticas.

Consciência negra

É comum ouvirem-se críticas pueris contra a instituição do feriado no dia 20 de novembro, que celebra a assim-chamada "consciência negra" (dia de Zumbi dos Palmares). Redargúem algumas pessoas: por que não, então, o dia da "consciência branca" ou da "consciência amarela"?

Na minha opinião, o dia do índio ("consciência vermelha"?), 19 de abril, também deveria ser feriado. Na verdade, um dos princípios mais importantes da constituição federal é a "isonomia", ou seja, a igualdade de todos os cidadãos perante a lei. Para observar este ditame expresso na constituição do país, é necessário que sejam respeitadas as condições específicas de cada um dos segmentos da sociedade. Não se pode pura e simplesmente nivelar todo mundo no mesmo patamar. Isto seria cometer ingente injustiça.

No caso dos negros, estamos diante de uma realidade atroz. O povo africano foi escravizado, tratado como coisa, completamente destituído dos direitos inerentes à pessoa humana. O Brasil, aliás, foi o último país a abolir a escravatura negra. Esta vicissitude causou enormes danos aos afro-descendentes, de várias ordens: sociológica, econômica, psicológica etc. Hoje em dia, uma pessoa negra recebe um salário inferior ao de um branco que exerce as mesmas funções. Isto sem falar no racismo e tantos preconceitos.

A catástrofe institucional da escravidão demanda reparações e compensações. Desta feita, visando a pôr em prática a isonomia constitucional, criaram-se as cotas para jovens negros nas universidades. De fato, os negros não competem nas mesmas condições dos caucasianos, pois não têm recursos financeiros para freqüentar boas escolas de educação média. Assim, para que o ensino público superior seja realmente acessível à integralidade dos cidadãos, as cotas são indispensáveis, até que se recomponha um quadro social em que não haja nenhum tipo de acepção entre brancos e negros, o que, infelizmente, está longe de ocorrer.

O dia da consciência negra deve ser reverenciado piedosamente pelos católicos. Com efeito, o negro agrilhoado pelas correntes do passado e o negro excluído e discriminado nos tempos atuais representam o Cristo espoliado e humilhado na cruz. Jesus tem de ser contemplado no rosto sofrido dos nossos irmãos negros. Axé!

Crimes culposos II

Gostaria de lembrar três acontecimentos envolvendo dois *playboys* e uma mulher desempregada e simples. O primeiro ocorreu em Brasília: um empresário, em alta velocidade, participando de um racha, lança seu carro contra um outro automóvel, e mata várias pessoas. O segundo caso se deu no estado de São Paulo: um promotor de justiça, bêbado, conduzindo seu veículo também em alta velocidade, invade a pista contrária, choca-se contra uma motocicleta, e provoca a morte instantânea de uma família inteira: pai, mãe e filha. O terceiro fato teve lugar no aeroporto de Guarulhos: uma mulher pobre foi pega com cocaína, tentando embarcar para o estrangeiro.

Os dois *playboys*, homicidas, cujas vaidade e egoísmo causaram a destruição de seres humanos, estão soltos, fora do alcance do conhecido braço pesado da lei. Serão simbolicamente processados pelo cometimento de crimes culposos (sem intenção de matar) e jamais serão presos, haja vista a condescendência com esse tipo de delito. A mulher capturada em Guarulhos já se encontra na cadeia. Não matou ninguém. Pode, contudo, ser condenada até a quinze anos de detenção.

A sociedade tem de se conscientizar que seus verdadeiros algozes desfilam pelas ruas em carros pomposos, importados, potentes, enormes, às vezes desproporcionais para o salário de meros promotores de justiça. Os crimes culposos, sobretudo os de trânsito, responsáveis por tantas mortes, têm de ser apenados com muito rigor. Chega de impunidade!

Os crimes culposos de trânsito não são fruto do acaso, da tragédia, como muita gente pensa. Na maioria das hipóteses, como nas acima narradas, os referidos crimes são perpetrados por pessoas extremamente egoístas e com desvio de personalidade. Trata-se dos criminosos modernos, gerados pela arrogância do capitalismo neoliberal, que igualmente deu origem aos denominados crimes do colarinho-branco, como, por exemplo, os praticados por empresários que sonegam a previdência. Esta gente sim é verdadeiramente perigosa para a sociedade. Estamos cegos para esta realidade. Deixamo-nos envolver pela ideologia materialista que só pune pesadamente quem ousar desrespeitar a propriedade privada, principalmente a do rico. O direito penal cuida mais dos interesses dos banqueiros que do cidadão simples. Enquanto não houver mudanças radicais, continuaremos vulneráveis, vítimas potenciais desses *playboys* que podem assassinar-nos em qualquer esquina.

Deus, um delírio?

O livro de *Richard Dawkins*, "Deus, um delírio", lançado no Brasil, enseja alguma reflexão. O autor é um ateu de carteirinha. No prefácio da obra, *Dawkins* afirma que se dará por satisfeito se, ao fim do texto, o leitor houver abandonado a superstição religiosa. Em suma, o biólogo britânico tem pretensões de "converter" ao ateísmo.

Os argumentos expostos no livro já são velhos conhecidos. Com efeito, *Dawkins*, ingenuamente, baseia-se numa interpretação literal da bíblia, para confirmar a tese dele de que a religião cristã se constitui num emaranhado de besteiras.

Dawkins culpa a religião por todas as coisas ruins que ocorrem na face da Terra. No fundo, percebe-se certo ressentimento no escritor, somado a muito preconceito e, infelizmente, permeado por um "fundamentalismo ateu". É verdade. Como se costuma dizer, o tiro saiu pela culatra, porquanto o grande cientista britânico, ao denunciar a irracionalidade e a pretensa cegueira da religião, acaba vítima do mesmo mal, chafurdando-se nas trevas da intolerância.

O livro, contudo, pode-nos ajudar a purgar nossa religiosidade de elementos estranhos ao cristianismo e, com certeza, deletérios, como, por exemplo, o excesso de emocionalismo e subjetivismo, presentes em determinados círculos católicos e severamente criticados por *Dawkins*. O erudito inglês crê que toda pessoa religiosa não se deixa conduzir pela razão. Desta feita, as críticas do festejado cientista encontram-se alicerçadas numa imagem do crente assaz estereotipada.

A lição que podemos extrair do *best-seller* britânico é a da necessidade de jamais subtrairmos da nossa vida o compromisso cristão com o próximo, sobretudo com o mais pobre. Isto significa religião encarnada, com os pés no chão. Caso contrário, se nos perdermos nos meandros fantasiosos da privatização da fé, fortaleceremos o preconceito no qual se estribou *Dawkins* para fustigar a religião. É preciso voltar às origens e, com são Tiago, repetir que a religião pura e sem mácula consiste em assistir os órfãos e as viúvas em suas tribulações e em guardar-se da corrupção do mundo (Tg 1, 27).

Faltou o amor na bandeira

Dezenove de novembro é o dia da bandeira. Pouco tempo antes da proclamação da república, 15 de novembro de 1889, as filhas de Benjamin Constant, às pressas, coseram o pavilhão nacional. A idéia primitiva era inscrever as seguintes palavras: amor, ordem e progresso. Infelizmente, por falta de espaço, ficaram somente ordem e progresso. Faltou o amor.

Deus caritas est, Deus é amor, afirma o evangelista são João (1Jo 4, 16). De fato, a essência de Deus é o amor. O ser humano, feito à imagem e semelhança de Deus, também possui o amor como vocação. Na constituição federal está dito que os representantes do povo brasileiro se reuniram sob a proteção de Deus (preâmbulo), vale dizer, sob o influxo do amor divino. Por este motivo, por exemplo, um dos objetivos do Brasil é a erradicação da pobreza (constituição federal, 3º, III). Socorrer os pobres nas suas tribulações constitui uma das características do amor (Mt 25, 31-46).

Não podemos confundir os verbos amar e gostar. Este implica apenas um sentimento. Aquele, por seu turno, denota uma disposição íntima de praticar o bem e a justiça. Com efeito, Deus faz o sol nascer para todos, ímpios e justos. O homem tem de se comportar divinamente em relação ao seu semelhante. Destarte, dar copiosamente é outra característica importante do amor. O papa Bento XVI afirma que em Deus tudo é fartura; um amor transbordante. Inspirado pelo evangelho do amor, são Francisco de Assis cunhou a conhecida máxima: é dando que se recebe.

Se o vocábulo amor estivesse grafado no pendão nacional, juntamente com ordem e progresso, o amor divino seria o princípio medular de nossa nação. A ordem, isto é, as instituições jurídicas e civis, mergulharia no amor e, conseqüentemente, tenderia cada vez mais à edificação de uma sociedade realmente fraterna. O progresso não estaria limitado a poucos privilegiados, mas seria um dom precioso repartido entre o povo brasileiro; cuidar-se-ia, ainda, de um progresso não somente no sentido material, mas moral, em que o respeito ao ser humano surgiria como o valor máximo da pátria.

Nutro a esperança de que um dia ainda escrevamos a palavra amor na bandeira do Brasil. A *terra de santa cruz* foi fundada numa missa celebrada em 1500. Daquele ditoso momento em diante, o Brasil nunca mais deixou de ser impelido pelo amor, malgrado o pecado (injustiça social, crimes etc.) que medra entre nós. Acrescentar a palavra amor a este eminente símbolo nacional, a bandeira, não é de somenos relevância, pois importará na assunção de um novo projeto de vida para todos os brasileiros, tendo o amor como a lei básica.

O ministro do STF e a interferência da fé

Certa vez, folheando o jornal Folha de São Paulo, deparei-me com a seguinte manchete, alusiva ao ministro do Supremo Tribunal Federal, Carlos Alberto Direito: "Fé católica não interferirá nas decisões do ministro."

Como, infelizmente, eu não li a íntegra da entrevista, não posso dizer o que o ministro pensa exatamente sobre o tema. De qualquer modo, gostaria de tecer alguns comentários a propósito da relação fé e serviço público.

Se eu fosse o ministro, indagado com a pergunta: a sua fé em Jesus Cristo por acaso interferirá no seu trabalho como juiz da suprema corte?, eu não titubearia um instante em responder: é claro que sim; a fé em Jesus de Nazaré me concede os princípios e parâmetros para que eu possa julgar com eqüidade e justiça.

A manchete do jornal, que pode eventualmente ter falseado o posicionamento autêntico de Carlos Alberto Direito, revela a abominável dicotomia entre fé e vida. Desafortunadamente, bastantes católicos, principalmente membros de certas instituições eclesiais conservadoras, crêem que a religião cristã está circunscrita à prática de certos atos devocionais e à participação no culto. Para essa gente, a religião não tem nada a ver com o que se faz na política, no trabalho, no exercício da magistratura etc. A eucaristia é simplesmente apequenada, e não transcende os meros sessenta minutos da missa dominical. O santíssimo sacramento não é a luz que alumia o dia-a-dia. Fora da Igreja, na hora de proferir uma sentença ou praticar um ato administrativo, vigem outros critérios, pois não tem importância a moral católica.

O agente público católico (juiz, deputado, vereador, presidente da república, promotor ou funcionário público) precisa agir sempre em consonância com sua consciência e com a fé que professa em Jesus Cristo. Este modo de ser não conflita com a denominada laicidade do estado. Muito pelo contrário, a justiça haurida do evangelho está alicerçada em valores universais, como o amor ao próximo, que aperfeiçoam as instituições.

Prescreve o cânon 225, § 2: "[Os leigos] têm também o dever, cada um segundo a própria condição, de animar e aperfeiçoar com o espírito evangélico a ordem das realidades temporais, e assim dar testemunho de Cristo, especialmente na gestão dessas realidades e no exercício das atividades seculares." O católico deve ser "sal da terra". O que desempenha uma função pública possui uma responsabilidade muito maior de dar testemunho de sua fé em Jesus Cristo.

O que caracteriza uma universidade católica?

Outro dia ouvi um padre "do Alaska" dizer que o que caracteriza uma universidade católica é o respeito à dignidade humana. O indigitado presbítero "alienígena" insistiu várias vezes nesse argumento: a catolicidade universitária reside no respeito à dignidade da pessoa humana. Será?

Não é verdade. Enaltecer e fomentar a dignidade humana é obrigação de todo mundo, de todas as instituições que há na face da Terra. É claro que uma universidade católica não pode olvidar esse princípio, mas não é isto que a caracteriza.

O que realmente caracteriza uma universidade católica é o compromisso dela na evangelização. Os cursos que uma universidade católica ministra têm de estar inspirados nos valores encontradiços no evangelho. A universidade católica, sobre ser uma instituição deveras capacitada, com ensino e pesquisa excelentes, deve estar primordialmente interessada na propagação da boa nova de Jesus Cristo, sempre centrada na eucaristia. Vejamos o que reza o art. 5º das Diretrizes e Normas para as Universidades Católicas no Brasil (documento n. 64, da CNBB): "Missão da universidade católica é servir à humanidade e à Igreja: – garantindo, de forma permanente e institucional, a presença da mensagem de Cristo, luz dos povos, centro e fim da criação e da história, no mundo científico e cultural (...)."

A universidade católica é, pois, uma instituição eminentemente confessional. A pretexto de "conviver com a pluralidade", ela não pode abrir mão desse apanágio. Portanto, uma universidade católica precisa proclamar a mensagem de Jesus, os ensinamentos do divino fundador da Igreja, incluindo a doutrina social, sem tergiversações, falando às claras, despindo-se do medo de desagradar. Caso contrário, se frisar tão-somente o respeito à dignidade humana, como quer o sacerdote por mim ouvido, a universidade católica não acrescentará nada ao mundo da cultura e à sociedade. E, de fato, ela tem muito a dizer; possui a excelsa missão de inculcar nos jovens universitários o ideário do cristianismo e fazer deles competentes profissionais e católicos praticantes, que vão à missa aos domingos e vivem a fé no dia-a-dia, alumiados pelo santíssimo sacramento, construindo, assim, uma sociedade justa e fraterna.

Os dez mandamentos do motorista cristão brasileiro

Em 2007 o Vaticano divulgou o *decálogo do motorista*, ou seja, os dez mandamentos para se conduzir os veículos automotores com respeito à vida e à incolumidade do próximo.

No Brasil a situação do trânsito de automóveis é catastrófica. Todo ano milhares de seres humanos estupidamente perdem a vida nos logradouros públicos. É gritante o descaso de muitos motoristas que, quando dirigem, se transformam em seres cruéis e arrogantes. Não há punição eficaz para os que cometem delitos no trânsito, mesmo que ocasionem a morte de inocentes.

As regras emanadas da Santa Sé constituem princípios genéricos. Servem adequadamente para países civilizados, em que subsiste uma cultura de obediência às leis viárias. No caso do Brasil, em que vige a barbárie automobilística, os mandamentos têm de ser contextualizados, vale dizer, adaptados à nossa realidade. É o que faço neste momento. Uma nação tão católica como o Brasil deveria saber valorizar a vida, em vez de desperdiçá-la na violência quotidiana do trânsito. Baseado no decálogo do Vaticano, elaboro, pois, os *dez mandamentos do motorista cristão brasileiro*. Faço-o na condição de motorista amador, habitante da cidade de São Paulo, onde enfrento diariamente um dos trânsitos mais complicados do mundo. Falo sobretudo aos cristãos, a quase-totalidade do povo brasileiro, chamando-os à responsabilidade inerente à religião que professam.

Os dez mandamentos do motorista cristão brasileiro:

1 – Rezar quando entrar no carro: um pai-nosso e uma ave-Maria.

2 – Não aceitar provocações, como fechadas e sinais chulos. Se possível, responder a tais atos com um gesto de cordialidade e caridade.

3 – Facilitar o tráfego dos irmãos motoristas, principalmente dos motoqueiros, que são pessoas honestas e têm o direito de compartilhar a via pública conosco, sendo as mais vulneráveis no trânsito. Nesses irmãos temos de ver o rosto transfigurado do próprio Cristo.

4 – Ser solidário no trânsito. Se possível, dar carona e formar grupos para a ida ao trabalho ou à escola, fazendo valer o princípio da doutrina cristã, segundo o qual a propriedade tem uma função social.

5 – Colocar-se na condição do pedestre, esperando que ele atravesse a rua com segurança.

6 – Jamais correr. Estar atento a todas às sinalizações.

7 – Encarar a via pública como o que ela é de fato: um caminho que nos conduzirá a um determinado lugar, onde executaremos um trabalho, assistiremos uma pessoa necessitada ou partilharemos de horas de lazer e descanso. Não fazer da via pública um fim em si mesmo.

8 – Exercitar a virtude cardeal da paciência, oferecendo a Deus o sofrimento causado pelo desconforto das horas passadas num congestionamento.

9 – Agradecer com um aceno de mão ou um sorriso a todo favor ou gentileza de outro motorista.

10 – Nos faróis, dar esmola quando necessário e prudente, ou comprar balas e doces. Com estes gestos, cria-se nas ruas um clima de verdadeira caridade cristã, em que se dignificam as pessoas pobres que nos abordam. De qualquer modo, nunca virar o rosto, em atitude de desprezo; isto fere profundamente a moral cristã.

Católico à Lula

Gostaria de trazer à tona um fato pretérito, porém momentoso. Em 2005, na época em que se reuniu o conclave que elegeu o papa Bento XVI, um distinto prelado, chistosamente, disse à imprensa que o presidente Lula não era católico, mas *caótico*. Imediatamente, dom Cláudio Humes, prefeito da Congregação para o Clero, então arcebispo de São Paulo, em entrevista, defendeu o presidente: "Lula é católico sim, *à sua maneira.*"

Quando dom Cláudio asseverou que Lula era católico *à sua maneira*, explanou de modo simples uma profunda verdade teológica e pastoral. Lula é católico a seu modo, eu sou católico a meu modo, cada um é católico de uma forma peculiar. O que quis dizer o eminente purpurado? Dom Cláudio mostrou lapidarmente as circunstâncias e limitações que envolvem a existência de cada cristão.

Todos somos pecadores e vivemos a fé na medida do possível e do razoável, caminhando, é claro, para a santidade. Em outras palavras: não existe um exemplo de católico perfeito, mesmo porque o ser humano é apenas perfectível.

Deus conhece nossas fraquezas. Na economia da salvação, vê-se o método de Deus interagir com os homens, com o máximo respeito pelas vicissitudes históricas. Deus sabe que o homem é lerdo para captar os anseios divinos e comportar-se de acordo com eles. Deus, também, chama a cada um pelo nome. Por isso, podemos dizer que Deus leva em conta as idiossincrasias e a boa vontade de cada ser humano. Isto não significa que não devamos responder pelos nossos atos e que tudo seja permitido e desculpável. Mas, se estivermos realmente dispostos a seguir Jesus, enfrentaremos muitos obstáculos e, não raramente, o óbice maior que precisaremos vencer será nossa própria debilidade e o pecado.

Outro ponto que merece ser frisado é o fato de que o católico autêntico não há de ser confundido com um reles carola. O católico de verdade põe-se a serviço dos irmãos, principalmente dos pobres e desvalidos.

O tema tem relevância, pois, ultimamente, há setores dentro da Igreja ou da sociedade que se julgam melhores que os outros, que desejam impor seu modo de ser católico, sua visão eclesiológica. A atitude de dom Cláudio nos ensina que a ninguém é permitido julgar o grau de fé ou adesão à Igreja do próximo e que temos de respeitar as diferenças. Só Deus lançará o veredicto final, de acordo com a intensidade de amor com que nos dedicamos aos irmãos (cf. Mt 25, 31-46).

Dom Estêvão Bettencourt

Com a morte repentina de dom Estêvão Bettencourt, OSB, ocorrida em abril de 2008, a comunidade católica brasileira perde um grande apologeta, quiçá o último dessa linhagem.

Ao largo de 49 anos, ininterruptamente, dom Estêvão editou e redigiu, sozinho, a famosa revista mensal "Pergunte e Responderemos". O monge erudito discorria sobre os variados temas relacionados à fé católica. Dirimia dúvidas e expunha com clareza e elegância vernacular a sã doutrina da nossa religião. A vocação que dom Estêvão abraçou com muito amor, a tarefa à qual se entregou consistia em *defender* o credo católico contra todas as impurezas. Comentava livros e artigos e, com rigor acadêmico, denunciava as heresias e as incongruências.

Quantos agentes de pastoral e padres não se alimentaram na fonte dos ensinamentos de dom Estêvão, mediante a leitura de "Pergunte e Responderemos"! Muitas vezes, um assunto já tratado numa revista era retomado em edição posterior, com novos matizes e aprofundamento. Para o redator da revista, a ortodoxia sempre foi um bem magnífico, um tesouro celeste a ser salvaguardado com carinho e amor.

Do computador de dom Estêvão saíam textos que iluminavam a vida do católico. Fidelíssimo ao magistério eclesiástico, o apologeta, sem respeito humano, comunicava a mais autêntica teologia, não a teologia das meias-verdades ou dos relativismos.

No limiar da Quaresma deste ano, dom Estêvão, na introdução da revista de fevereiro, escreveu as seguintes palavras, expressando lapidarmente a condição humana, talvez o prenúncio do óbito tão próximo: "Um tesouro em vasos de argila, eis o que o cristão vem a ser na definição de São Paulo: é portador de uma semente de vida eterna dentro do invólucro mortal do seu corpo. Por vezes, a presença da argila se faz mais sensível e tende a abater o cristão; a fé, porém, o reergue e lhe diz que a argila passará, ao passo que o tesouro nela existente tende a desabrochar sempre mais."

Apenas um amor imenso pelo povo de Deus pode explicar a rotina indefessa desse cenobita que dedicava horas e horas à redação e à pesquisa de "Pergunte e Responderemos". Um homem como dom Estêvão tem de ser imitado; a perseverança dele precisa ser emulada. O tesouro de sua obra continua entre nós. Infelizmente, a argila do corpo se dilui paulatinamente, porém a beleza de uma vida reta e honesta, consentânea com a fé católica, brilha como testemunho perene.

Editoração Eletrônica: **ALINE M. CIRÍACO**
Imagem da capa: **ANDRÉ LUIZ URVANEJA**
Finalização Capa: **FÁBIO GIGLIO**
Impressão: **COMETA GRÁFICA E EDITORA**